Witold Koszela

The battleship HMS Duke of York

HMS *Duke of York* was the third of the King George V class battleships to be built after a lull in battleship design and construction following the signing of the Washington Naval Treaty.

The battleship was laid down on May 5, 1937 at John Brown & Company Limited, Shipbuilding & Engineering Works in Clydebank, Scotland. She was commissioned four and a half years later, on November 4, 1941.

When she entered service *Duke of York* and her sister ships were among the most modern and powerful vessels in the Royal Navy, the nucleus of the fleet's combat force and high-value assets in difficult times.

Even before she had been completed there were plans to exchange the battleship for eight U.S.-built heavy cruisers, which at that time were deemed more useful as escorts for countless convoys carrying much needed supplies for the besieged British Isles. Fortunately, the proposed exchange was scrapped and the battleship, which came very close to being commissioned by the US Navy, finally received the proud name of HMS *Duke of York* (originally the vessel was to be named HMS *Anson* in honor of the celebrated Admiral of the Fleet George Anson).

The new battleship's first mission was to transport British Prime Minister Winston Churchill to Annapolis, Maryland for a meeting with Franklin Delano Roosevelt. After her return and the completion of the shake-down cruise *Duke of York* joined the Home Fleet and was assigned escort duties in support of convoy PQ12 carrying supplies for the Soviet Union. The escort force was led by the Home Fleet's Commander-in-Chief Admiral Sir John Tovey, who was embarked on *Duke of York*'s sister ship - HMS *King George V*. The use of such a massive force was no coincidence. The British had good reasons to believe that the convoy might come under attack by the battleship Tripitz, which at that time operated from the safety of Norwegian fjords – an ideal base for strikes against Allied shipping. In the end the expected encounter never happened and *Duke of York* completed her mission without major trepidations.

The battleship spent the next few months performing long-range escort missions. On May 5, 1942, following a collision involving *King George V* and the destroyer *Punjabi*, she became the temporary flagship of the Home Fleet. In October 1942 *Duke of York* became the flagship of Force H and sailed to Gibraltar. From there, beginning on November 8, she took part in Operation Torch – the Allied landings in North Africa. By November 26 the battleship was back in the northern waters to provide some counterbalance to the continuing threat posed by the battleship *Tripitz*.

In 1942/1943 *Duke of York* underwent a major refit, which included installation of additional anti-aircraft weapons. In May 1943 she returned to service in the Arctic waters as the flagship of the Home Fleet. During that time the battleship was also involved in several diversionary actions designed to draw the Germans' attention away from Operation Husky. Among those were operations "Camera" and "Governor", which also involved HMS *Anson* and the US Navy battleship USS *Alabama*.

On October 2 *Duke of York* and *Anson* took part in operation "Leander" targeting the port city of Bodo in northern Norway. The battleship continued

HMS *Duke of York* był trzecim z serii pięciu brytyjskich pancerników typu King George V zbudowanych po latach przerwy w budowaniu i wprowadzaniu do służby tej klasy okrętów narzuconej bardzo rygorystycznymi ograniczeniami Traktatu Waszyngtońskiego.

Jego budowę rozpoczęto piątego maja 1937 roku w stoczni John Brown & Company Limited, Shipbuilding & Enginering Works w Clydebank, a wcielenie do służby nastąpiło cztery i pół roku później, 4 listopada 1941 roku.

W tym czasie okręt wraz wprowadzanymi do służby pozostałymi jednostkami tego typu należał do grona najnowocześniejszych i najpotężniejszych okrętów brytyjskiej Royal Navy tworząc jej główny trzon bojowy i stając się zarazem jednostką niezwykle cenną dla borykającej się z wieloma problemami brytyjskiej floty.

Warto w tym miejscu wspomnieć, że jeszcze przed ukończeniem budowy z okrętem związana była historia, która o mały włos, a nie zakończyłaby się wcieleniem pancernika do służby w US Navy pod nazwa USS *Duke of New York*, co miało związek z wysuniętą propozycją zamiany okrętu na osiem amerykańskich krążowników ciężkich, które w tym czasie zdawały się być znacznie potrzebniejszymi do ochrony niezliczonych konwojów idących z dostawami dla broniących się resztkami sił wysp brytyjskich.

Na szczęście do całej transakcji nie doszło, a najnowszy pancernik Royal Navy otrzymał dumną nazwę HMS *Duke of York* – Książę Jorku, choć w tym miejscu warto również zauważyć, ze pierwotnie planowano dla niego nazwę zaczerpniętą od nazwiska słynnego brytyjskiego admirała Georga Ansona – HMS *Anson*.

Pierwszym zadaniem pancernika było przewiezienie do Annapolis premiera Wielkiej Brytanii Winstona Churchilla, który miał się tam spotkać z prezydentem Stanów Zjednoczonych Franklinem Delano Rooseveltem.

Po powrocie do kraju i zakończeniu szkoleń okręt został włączony do składu Home Fleet i przydzielony do eskorty konwoju PQ12 płynącego z zaopatrzeniem do ZSRR w której znajdował się również bliźniaczy *King George V* z głównodowodzącym Home Fleet adm. Toveyem na pokładzie.

Tak silna osłona nie była przypadkową, gdyż spodziewano się, że konwój zaatakowany zostanie przez niemiecki pancernik Tirpitz, który stacjonował w tym czasie w norweskich fiordach skąd miał znakomitą bazę wypadową przeciwko alianckim statkom transportowym.

Do spotkania jednak nie doszło i *Duke of York* wykonał zadanie bez poważniejszych wydarzeń.

Przez kolejne miesiące okręt wykonywał podobne zadania stanowiąc daleką osłonę kolejnych konwojów, a 5 maja 1942 roku na wskutek kolizji *King Georga V* z niszczycielem Punjabi stał się tymczasowo jednostką flagową Home Fleet.

W październiku 1942 roku *Duke of York* stał się jednostką flagową Force H i po przejściu do Gibraltaru począwszy od 8 listopada brał udział w zakrojonej na szeroką skale operacji „Torch" której celem było lądowanie aliantów w Afryce Północnej.

Nie zabawił tam jednak zbyt długo i już 26 listopada ponownie znalazł się na wodach dalekiej północy gdzie niemiecki pancernik *Tirpitz* nie dawał o sobie zapomnieć.

Na przełomie 1942 i 1943 roku okręt spędził dłuższy czas w stoczni, w której dokonano remontu oraz znacząco wzmocniono jego uzbrojenie plot.

W maju 1943 roku pancernik stał się jednostką flagową Home Fleet pełniąc dalszą służbę na wodach Arktyki, co jakiś czas wspierając operacje związane

The battleship HMS Duke of York • Witold Koszela

Wydanie pierwsze / First edition • LUBLIN 2014 • ISBN 978-83-64596-02-5

Translation / Tłumaczenie: **Piotr Kolasa** • Color profiles / Plansze barwne: **Witold Koszela** • Scale drawings / Rysunki techniczne: **Witold Koszela** • Design: **KAGERO STUDIO, Łukasz Maj**

Distribution / Dystrybucja: OW KAGERO • www.kagero.pl • e-mail: kagero@kagero.pl, marketing@kagero.pl

Editorial Office, Marketing / Redakcja, Marketing: OW KAGERO, ul. Akacjowa 100, os. Borek, Turka, 20-258 Lublin 62, Poland
phone/fax +48 (81) 501 21 05

escort operations until December 1943 when she was tasked with providing support to convoy JW 55B. The Allied force was attacked by the battleship *Scharnhorst*, which led to a full-scale naval engagement that came to be known as the Battle of the North Cape. *Duke of York's* guns played a major role in the sinking of the German raider with as many as 14 356 mm shells finding their mark.

Following the action against *Scharnhorst* the battleship continued in the escort role in support of Allied convoys and launched numerous operations in search of the ever-elusive battleship *Tripitz*.

Between September 1944 and April 1945 *Duke of York* underwent the most comprehensive refit and modernization in her career. The work, carried out in preparation for the ship's deployment to the Pacific, included the enhancements to her close-range AA armament. After she had emerged from the dock and following a series of work-ups and trials, *Duke of York* joined her sister ship HMS *Anson* and set course for the Pacific, routing via Gibraltar, Malta, Port Said, Suez and Colombo. She arrived in Sydney in early July and became the flagship of the British Pacific Fleet.

The battleship saw little action in the Pacific since by that time operations against the Japanese had already been winding down. After steaming to Manus Island *Duke of York* and *King George V* entered Tokyo Bay to accompany the US Navy battleship *Missouri* for the signing of Japan's unconditional surrender.

After her return to home waters *Duke of York's* tasking gradually decreased. Following a brief visit to the dock which saw much of her armament removed, the battleship became the flagship of the Home Fleet and remained in active service until 1949.

The last major event in the ship's history was a short cruise in June transporting members of the Royal Family during their visit to Channel Islands.

Between July 1949 and September 1953 *Duke of York* wore the flag of the Reserve Fleet. On April 30, 1957 after several years of being laid up, HMS *Duke of York* was sold for scrap to Shipbreaking Industries Limited at Faslane.

Among *Duke of York's* most notable actions were operations off the coast of North Africa in 1943, escorting Arctic convoys in 1942 – 1943 and her role in the sinking of the battleship *Scharnhorst* in the Battle of the North Cape in 1943.

z prowadzeniem operacji dywersyjnych związanych z przygotowaniami aliantów do lądowania na Sycylii.

Tutaj do najważniejszych należały operacja „Camera" oraz „Governor" w której uczestniczył wraz z bliźniaczym *Ansonem* oraz amerykańskim pancernikiem USS *Alabama*.

Kolejna ważna operacja, w jakiej dane było wziąć udział pancernikowi 2 października wraz z *Ansonem* nosiła kryptonim „Leander" i skierowana była na portowe miasto Bodo leżące w północnej części Norwegii.

Później okręt pełnił dalszą służbę eskortową aż do grudnia 1943 roku, kiedy to wyznaczony został do osłony konwoju JW. 55B, który zaatakowany został przez niemiecki pancernik *Scharnhorst*.

W stoczonej prawdziwej bitwie morskiej, która do historii przeszła jako bitwa u Przylądka Północnego *Duke of York* walnie przyczynił się do zatopienia niemieckiego korsarza trafiając go aż 14 pociskami kal. 356 mm.

Dalsza służba to osłona następnych konwoji oraz kolejne działania wymierzone przeciwko pancernikowi *Tirpitz*, z którym brytyjska admiralicja nie mogła się uporać.

Pomiędzy wrześniem 1944 roku, a kwietniem 1945 *Duke of York* przeszedł swoją największą modernizację, która znacząco zmieniła jego sylwetkę, wyposażenie oraz uzbrojenie plot.

Co po części miało związek z przydzieleniem go do Brytyjskiej Floty Pacyfiku. W związku z tym okręt po opuszczeniu stoczni i ukończeniu wszelkiego rodzaju prób i szkoleń opuścił wraz z bliźniaczym *Ansonem* macierzyste wody i udał się na wody Pacyfiku kierując się poprzez Gibraltar, Maltę, Port Said, Suez i Kolombo do Sydney, gdzie po przybyciu na miejsce w pierwszych dniach lipca stał się jednostką flagowa całego zespołu.

W tym czasie działania wojenne skierowane przeciwko siłom japońskim dobiegały już końca, przez co pancernikowi nie dane już było wziąć udziału w żadnych znaczących potyczkach.

Po przejściu na wyspę Manus 28 sierpnia 1945 roku znalazł się na wodach Zatoki Tokijskiej gdzie u boku bliźniaczego *King George V* i amerykańskiego pancernika USS *Missouri* wziął udział w ceremonii podpisania aktu bezwarunkowej kapitulacji Japonii.

Po powrocie na macierzyste wody ilość zadań stawianych przed okrętem stopniowo ulegała zmniejszeniu.

Po krótkim pobycie w stoczni, podczas którego usunięto znaczną część uzbrojenia stał się jednostka flagową Home Fleet pozostając w służbie do kwietnia 1949 roku.

Ostatnim ważniejszym wydarzeniem w jego historii był krótki rejs odbyty w czerwcu z rodziną królewska na pokładzie podczas którego odwiedził wyspy leżące na wodach kanału La Manche.

Począwszy od lipca 1949 roku, aż do września 1952 roku *Duke of York* pełnił funkcję jednostki flagowej Floty Rezerwowej.

Później nadszedł koniec okrętu.

Po kilku latach postoju 30 kwietnia 1957 roku został wystawiony na sprzedaż i niedługo później trafił do stoczni złomowej Shipbreaking Industries Limited w Faslane w której pocięto go na złom.

Do najważniejszych sukcesów bojowych okrętu należały działania u wybrzeży Afryki Północnej w 1943 roku, osłona alianckich konwojów w Arktyce w latach 1942-43 oraz udział w stoczonej w 1943 roku u Przylądka Północnego bitwie z niemieckim pancernikiem *Scharnhorst*.

The battleship HMS *Duke of York* in 1945
Pancernik HMS *Duke of York* w 1945 roku

HMS Duke of York - general characteristics	
Shipyard	John Brown & Company Limited, Shippbuilding & Engineering Works, Clydebank
Class	King George V
Sister ships	King George V, Prince of Wales, Anson, Howe
Pennant number	17
Ordered	April 28, 1937
Laid down	May 5, 1937
Launched	February 28, 1940
Completed	August 20, 1941
Construction cost	£ 7 374 015
Commissioned	November 4, 1941
Laid up	November 1951 (placed in the reserve status)
Scrapped	1957
Full load displacement (1941)	41 930 t
Standard displacement (1941)	36 820 t
Full load displacement (1945)	44 790 t
Standard displacement (1945)	39 780 t
Length overall	227.10 m
Length between perpendiculars	213.36 m
Length at waterline	225.57 m
Beam at waterline	31.44 m
Draught	9.5–10.3 m
Machinery	8 × Admiralty 3-drum small-tube boilers, 4 × Parsons single-reduction turbines delivering 111 300 SHP
Speed	28.6 knots
Range	5 600 NM at 10 kt, 2 400 NM at 27 kt
Fuel oil bunker capacity	3 973 t
Diesel fuel capacity	186 t
Fresh water reserves	437 t
Armor protection	(381-114) mm – sides, (152-63.5) mm – decks, (305-254) mm – bulkheads, (330-152) mm – main battery turrets, (102-25) mm – conning tower
Armament (1941)	10 × 356 mm (2×4, 1×2), 16 × 133 mm (8×2), 48 × 40 mm (6×8 pom poms), 6 × 20 mm (6×1)
Armament (1942)	10 × 356 mm (2×4, 1×2), 16 × 133 mm (8×2), 48 × 40 mm (6×8 pom poms), 14 × 20 mm (14×1)
Armament (1943)	10 × 356 mm (2×4, 1×2), 16 × 133 mm (8×2), 48 × 40 mm (6×8 pom poms), 38 × 20 mm (38×1)
Armament (1944)	10 × 356 mm (2×4, 1×2), 16 × 133 mm (8×2), 96 × 40 mm (8×8, 6×4, 2×4 pom poms), 32 × 20 mm (20×1, 6×2)
Armament (1946)	10 × 356 mm (2×4, 1×2), 16 × 133 mm (8×2), 78 × 40 mm (8×8, 2×4, 6×1 pom poms), 32 × 20 mm (20×1, 6×2)
Embarked aircraft	2 × Supermarine Walrus Mk I
Complement	1409

HMS Duke of York- parametry taktyczno-techniczne	
Stocznia	John Brown & Company Limited, Shippbuilding & Engineering Works w Clydebank
Typ	King George V
Jednostki bliźniacze	King George V, Prince of Wales, Anson, Howe
Numer taktyczny	17
Data zlecenia budowy	28 kwiecień 1937 r
Data położenia stępki	05 maj 1937 r
Data wodowania	28 luty 1940 r
Data ukończenia budowy	20 sierpień 1941 r
Koszt budowy-	£ 7 374 015
Data wejścia do służby	04 listopad 1941 r
Data wycofania ze służby	listopad 1951 r (przeniesiony do rezerwy)
Data rozpoczęcia złomowania	1957 r
Wyporność pełna (1941 r)	41 930 t
Wyporność standardowa (1941 r)	36 820 t
Wyporność pełna (1945 r)	44 790 t
Wyporność standardowa (1945 r)	39 780 t
Długość całkowita	227,10 m
Długość między pionami	213,36 m
Długość na KLW	225,57 m
Szerokość na linii wodnej	31,44 m
Zanurzenie	9,5–0,3 m
Napęd	8 kotłów wodnorurkowych, trójwalczakowych typu Admiralicji, 4 zespoły turbin parowych z jedno-stopniowymi przekładniami redukcyjnymi o łącznej mocy 111 300 KM
Prędkość	28,6 w
Zasięg pływania	5 600 Mm/ 10 w, 2 400 Mm/ 27 w
Zapas paliwa	3973 t
Zapas paliwa dla silników wysokoprężnych	186 t
Zapas wody słodkiej	437 t
Opancerzenie	(381-114) mm – burty, (152-63,5) mm – pokłady, (305-254) mm – grodzie poprzeczne, (330-152) mm – wieże artylerii głównej, (102-25) mm – centrala bojowa
Uzbrojenie (1941 r)	10 × kal. 356 mm (2×4,1×2), 16 × kal. 133 mm (8×2), 48 × kal. 40 mm (6×8), 6 × kal. 20 mm (6×1)
Uzbrojenie (1942 r)	10 × kal. 356 mm (2×4,1×2), 16 × kal. 133 mm (8×2), 48 × kal. 40 mm (6×8), 14 × kal. 20 mm (14×1)
Uzbrojenie (1943 r)	10 × kal. 356 mm (2×4,1×2), 16 × kal. 133 mm (8×2), 48 × kal. 40 mm (6×8), 38 × kal. 20 mm (38×1)
Uzbrojenie (1944 r)	10 × kal. 356 mm (2×4,1×2), 16 × kal. 133 mm (8×2), 96 × kal. 40 mm (8×8, 6×4, 2×4), 32 × kal. 20 mm (20×1, 6×2)
Uzbrojenie (1946 r)	10 × kal. 356 mm (2×8,1×2), 16 × kal. 133 mm (8×2), 78 × kal. 40 mm (8×8, 2×4, 6×1)
Wyposażenie lotnicze (1918 r)	2 × Supermarine Walrus Mk I
Załoga	1409 ludzi

Cross-section at frames 166 and 200
Przekroje poprzeczne na wręgach nr 166 i 200

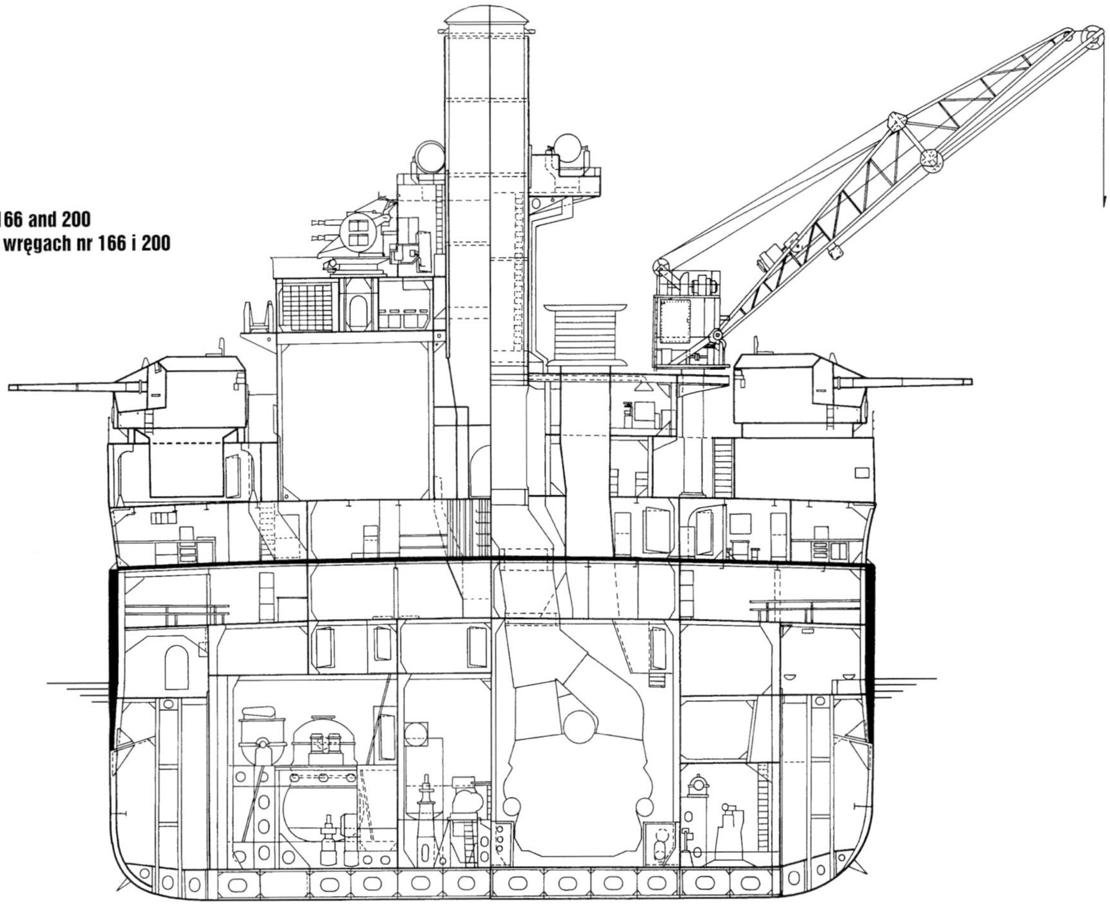

The hull's cross-section showing the arrangement of the ship's armor protection
Schemat opancerzenia okrętu na przekroju poprzecznym

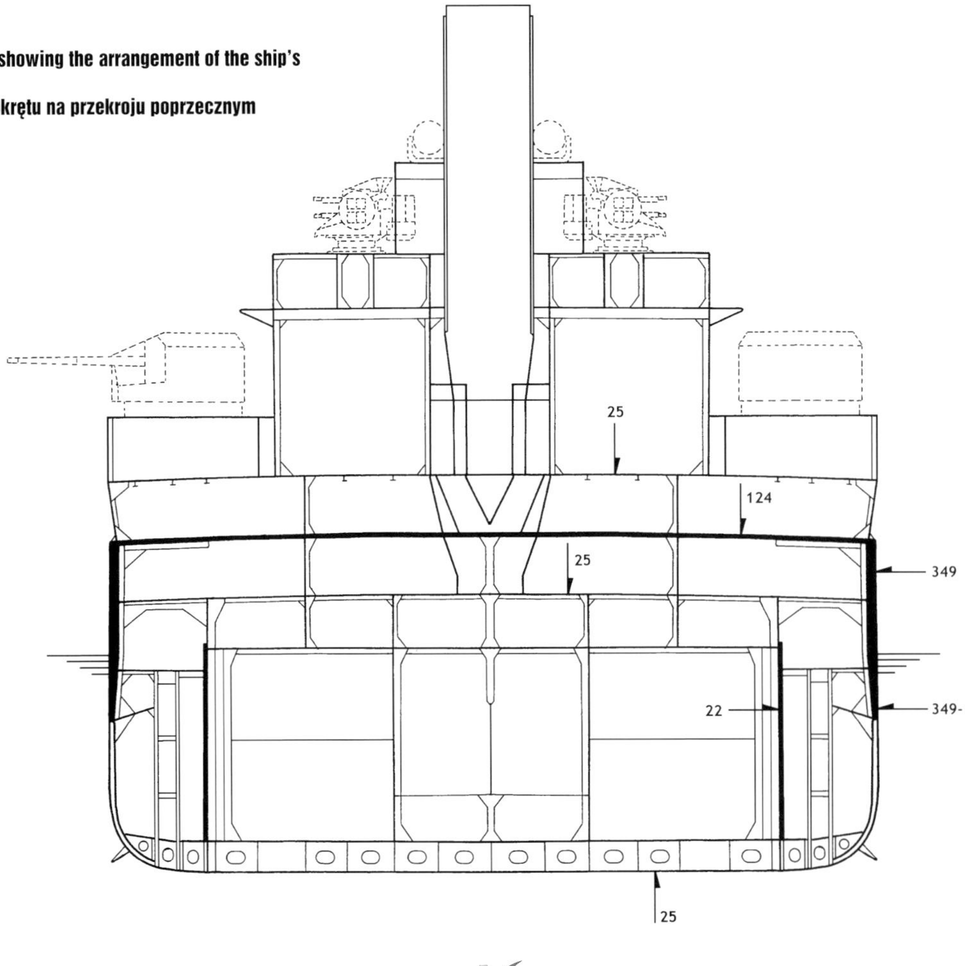

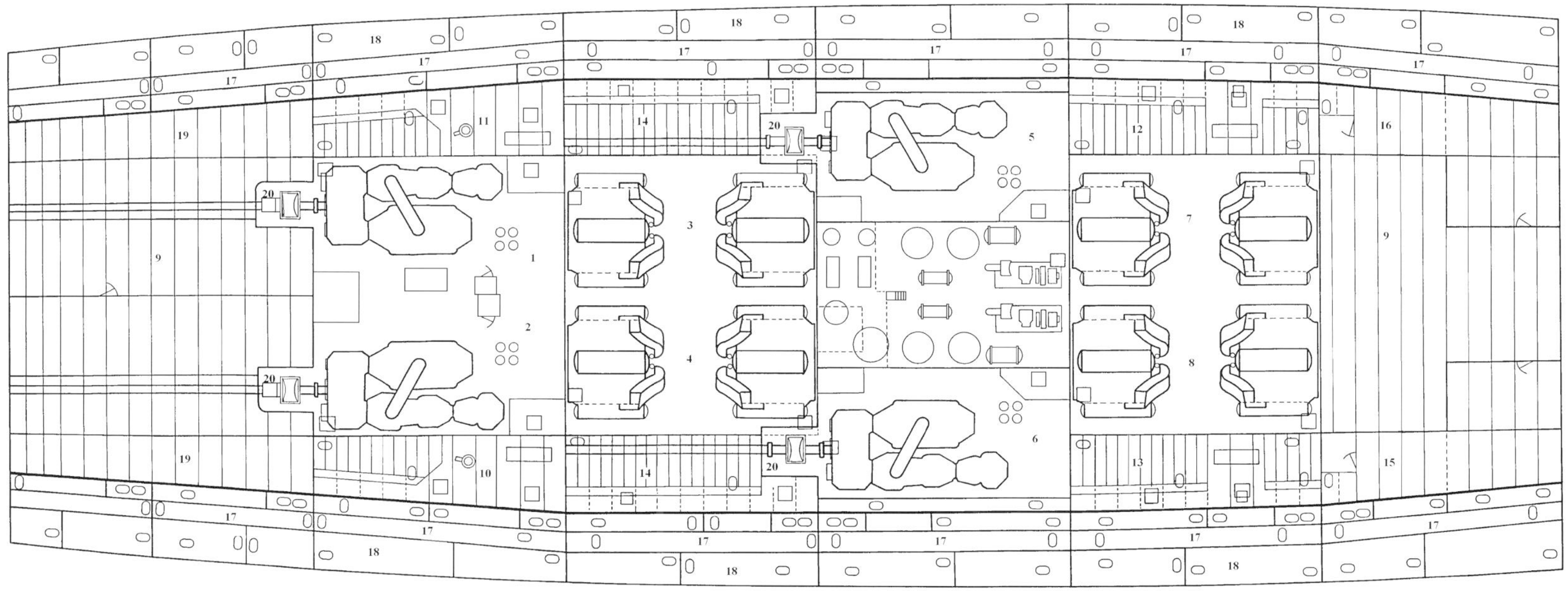

Powerplant of the King George V class battleship – general arrangement

1 – Engine room "Y"
2 – Engine room "X"
3 – Boiler room "Y"
4 – Boiler room "X"
5 – Engine room "B"
6 – Engine room "A"
7 – Boiler room "B"
8 – Boiler room "A"
9 – 133 mm ammunition magazines
10 – Propulsion system machinery compartment in engine room "X"
11 – Propulsion system machinery compartment in engine room "Y"
12 – Propulsion system machinery compartment in engine room "B"
13 – Propulsion system machinery compartment in engine room "A"
14 – Magazines
15 – Bomb magazine
16 – Pyrotechnics magazine
17 – Fuel oil tanks
18 – Watertight compartments
19 – Drive shaft supports
20 – Drive shaft ducts

Plan siłowni pancernika typu King George V

1 – Maszynownia Y
2 – Maszynownia X
3 – Kotłownia Y
4 – Kotłownia X
5 – Maszynownia B
6 – Maszynownia A
7 – Kotłownia B
8 – Kotłownia A
9 – Magazyny amunicji dla dział kal. 133 mm
10 – Pomieszczenia mechanizmów napędowych maszynowni X
11 – Pomieszczenia mechanizmów napędowych maszynowni Y
12 – Pomieszczenia mechanizmów napędowych maszynowni B
13 – Pomieszczenia mechanizmów napędowych maszynowni A
14 – Magazyny
15 – Magazyny bomb
16 – Magazyny środków pirotechnicznych
17 – Zbiorniki oleju napędowego
18 – Przedziały wodoszczelne
19 – Łoża wałów napędowych
20 – Nisze bloków prących

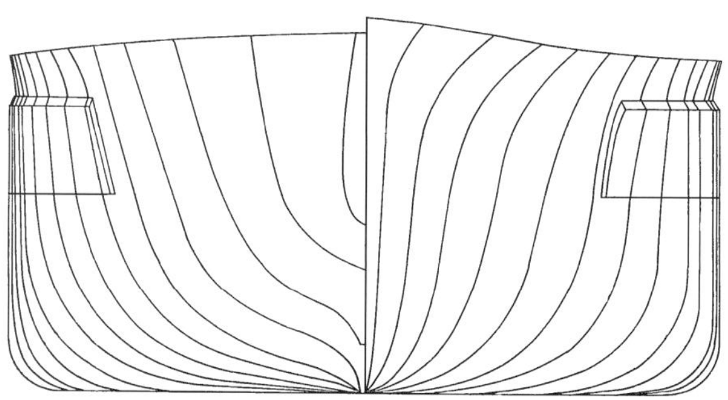

Hull cross-sections
Przekroje wręgowe kadłuba
Scale/Skala 1:450

The lines plan of the hull of HMS *Duke of York*
Linie teoretyczne kadłuba pancernika HMS *Duke of York*

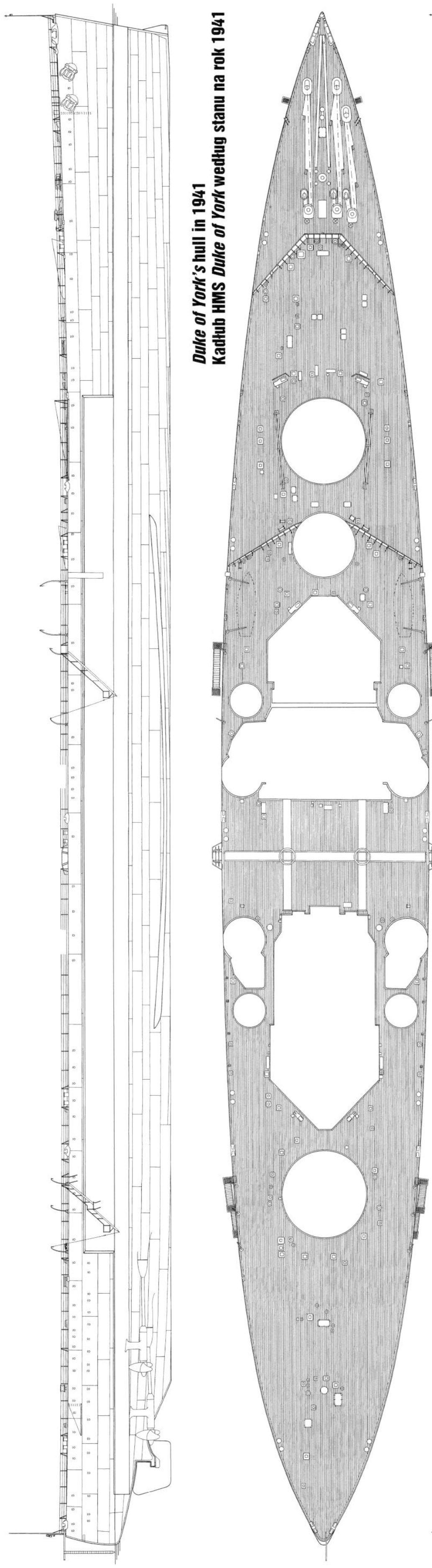

Duke of York's hull in 1941
Kadłub HMS *Duke of York* według stanu na rok 1941

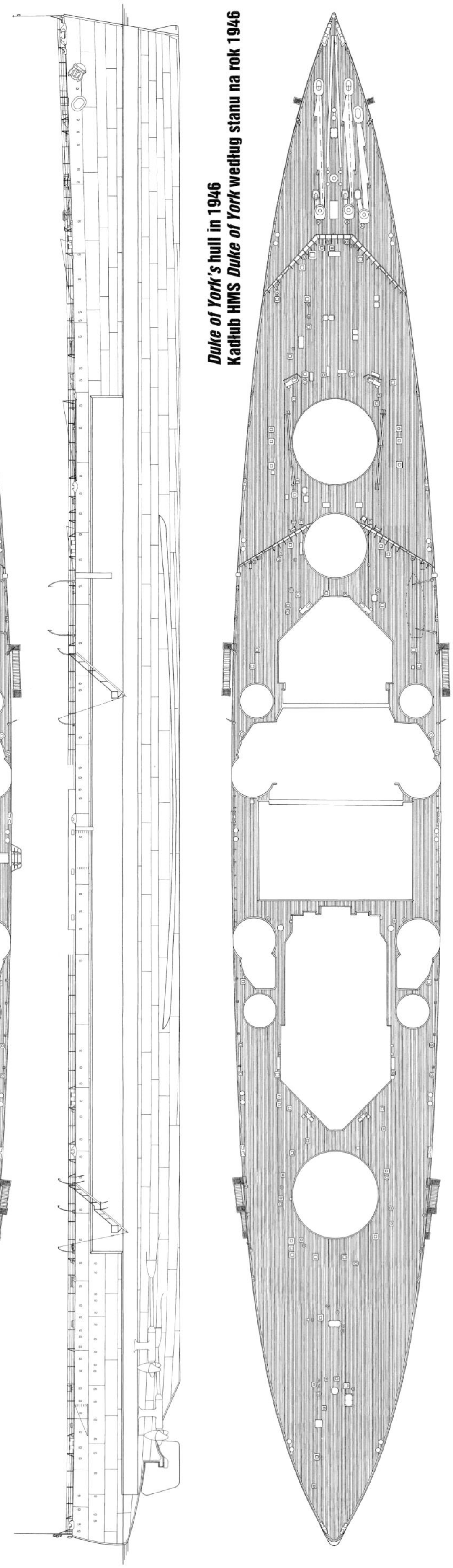

Duke of York's hull in 1946
Kadłub HMS *Duke of York* według stanu na rok 1946

Arkusz/Sheet 4

Widok od dziobu
View from the bow

Widok z prawej burty
View from starboard

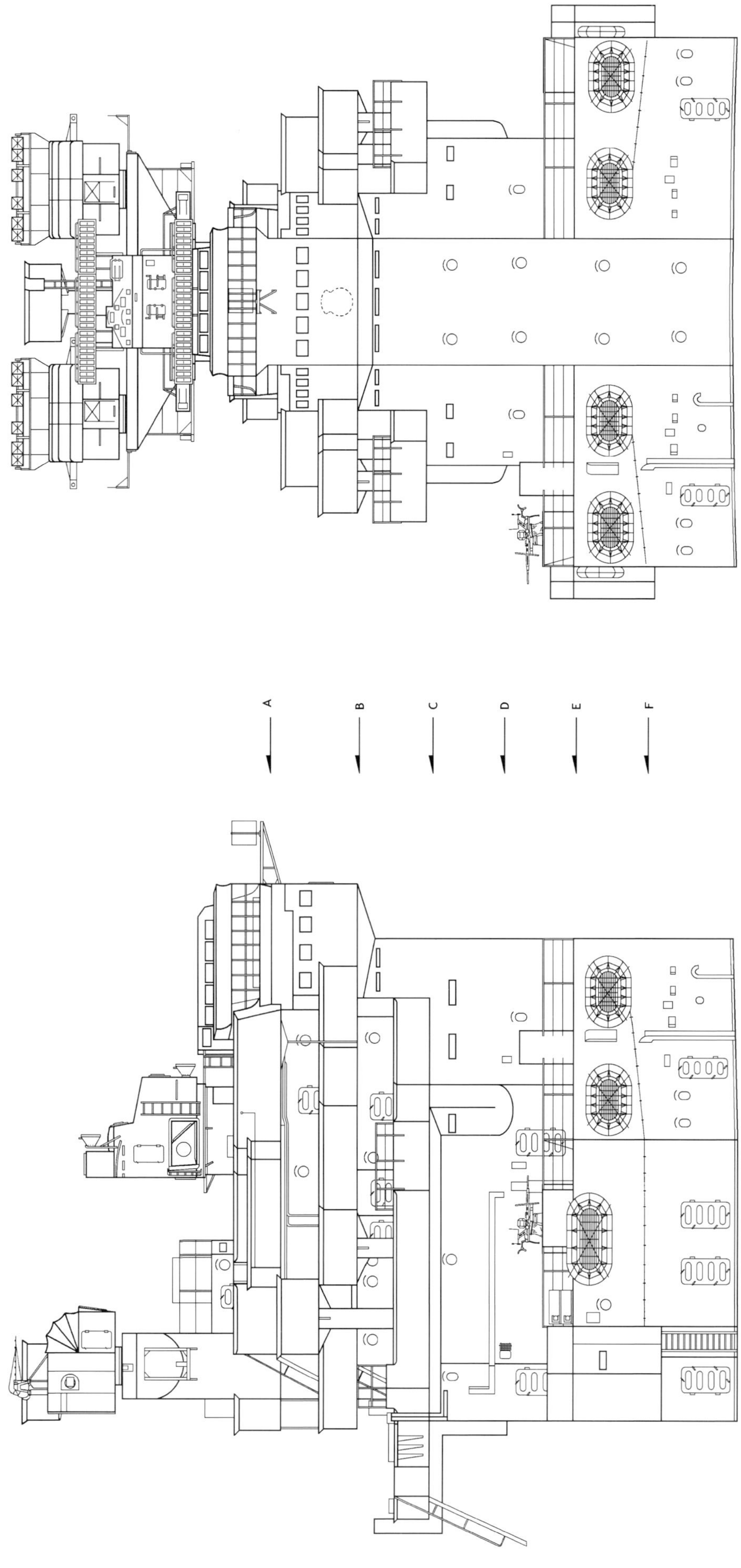

Forward superstructure in 1943
Nadbudówka główna według stanu na rok 1943

Widok od rufy
View from the bow

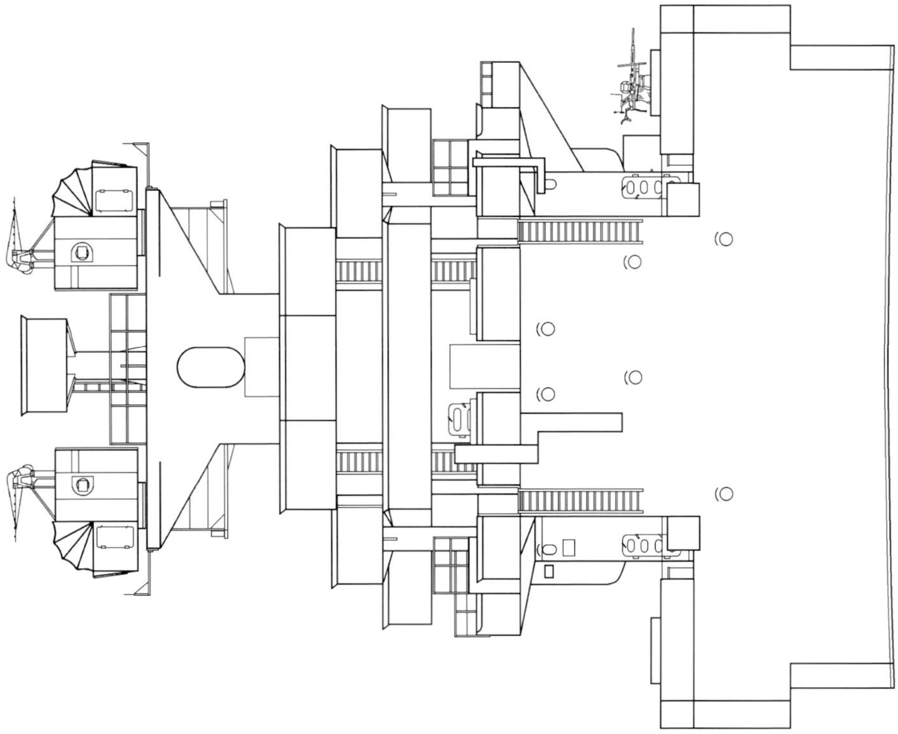

Widok z lewej burty
View from port side

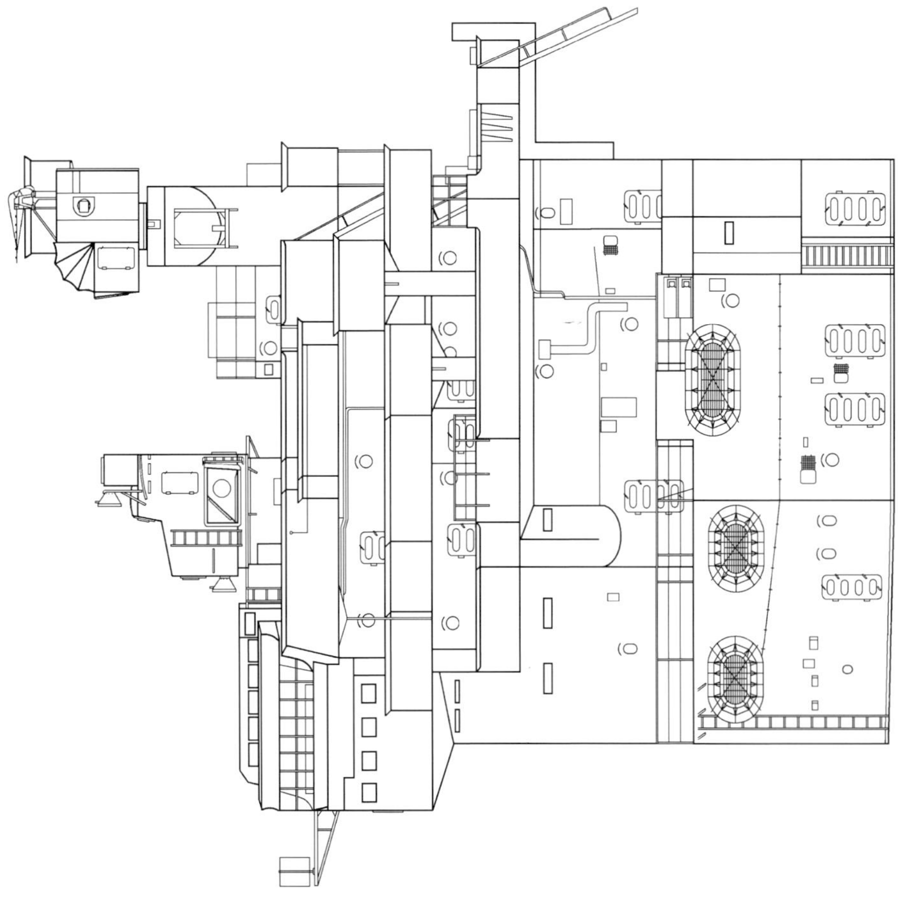

Forward superstructure in 1943
Nadbudówka główna według stanu na rok 1943

Arkusz/Sheet 6

View from the bow
Widok od dziobu

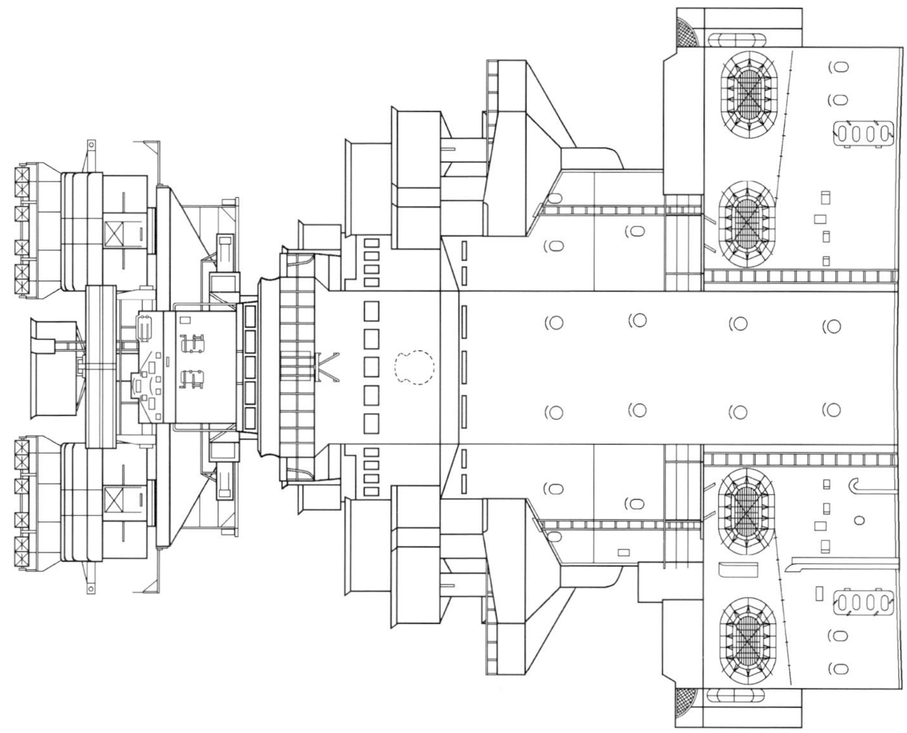

View from starboard
Widok z prawej burty

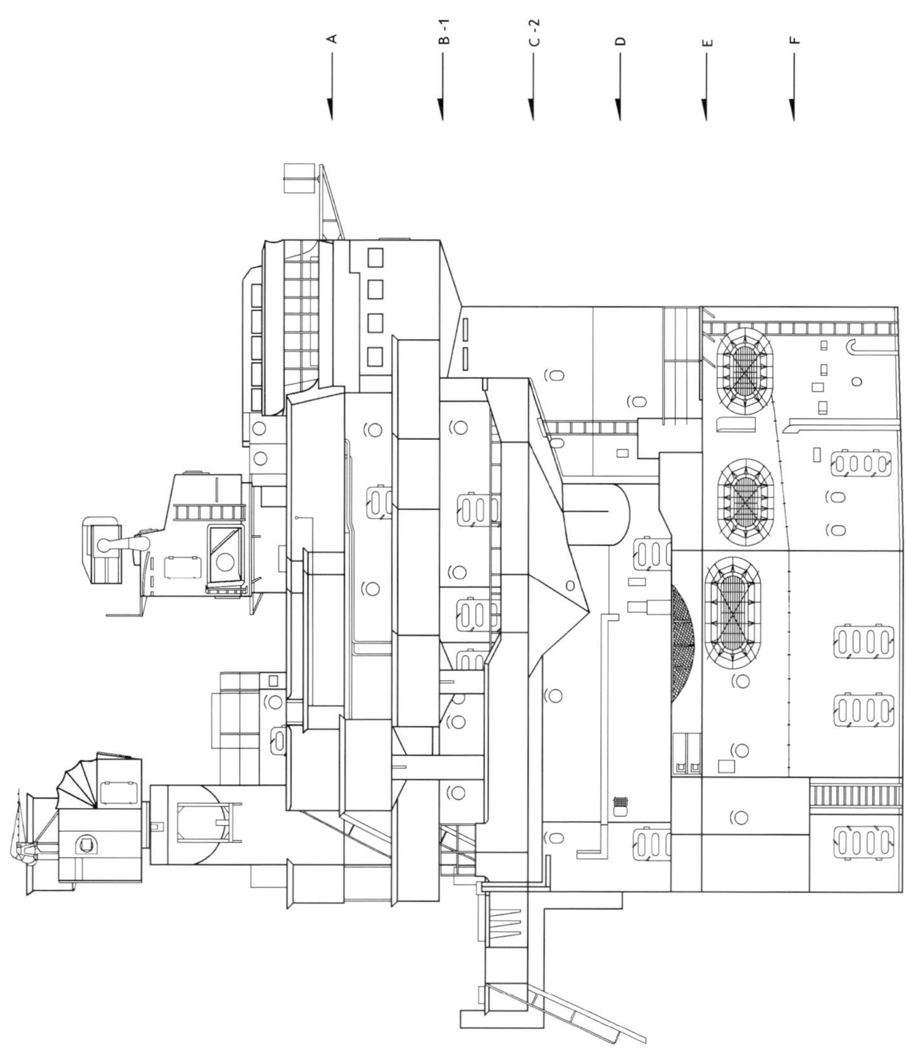

Forward superstructure in 1946
Nadbudówka główna według stanu na rok 1946

Arkusz/Sheet 7

Forward superstructure in 1946
Nadbudówka główna według stanu na rok 1946

View from the bow
Widok od rufy

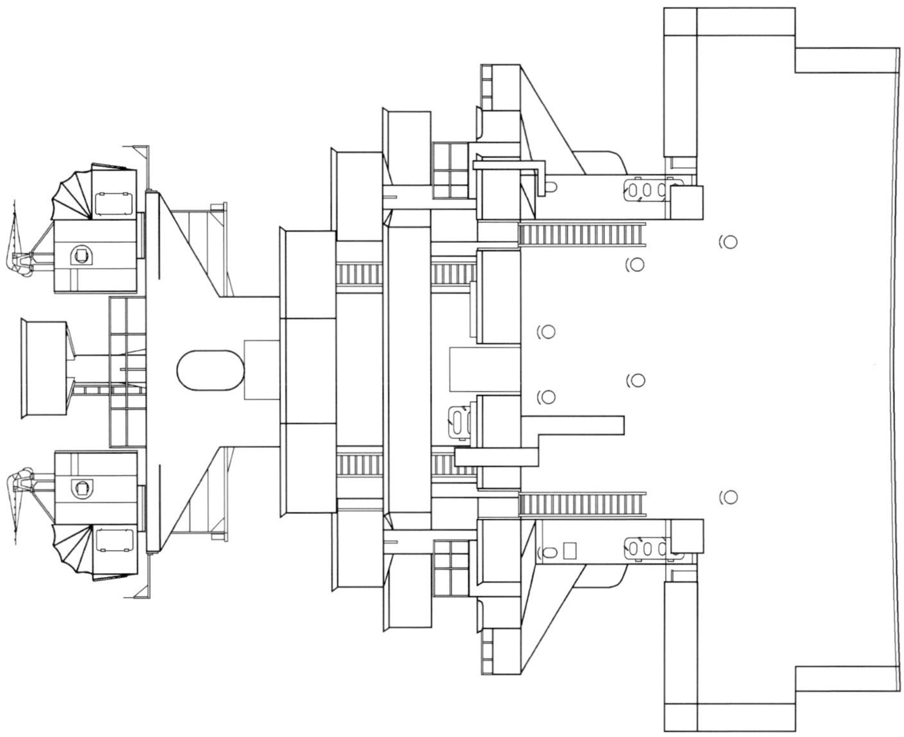

View from port side
Widok z lewej burty

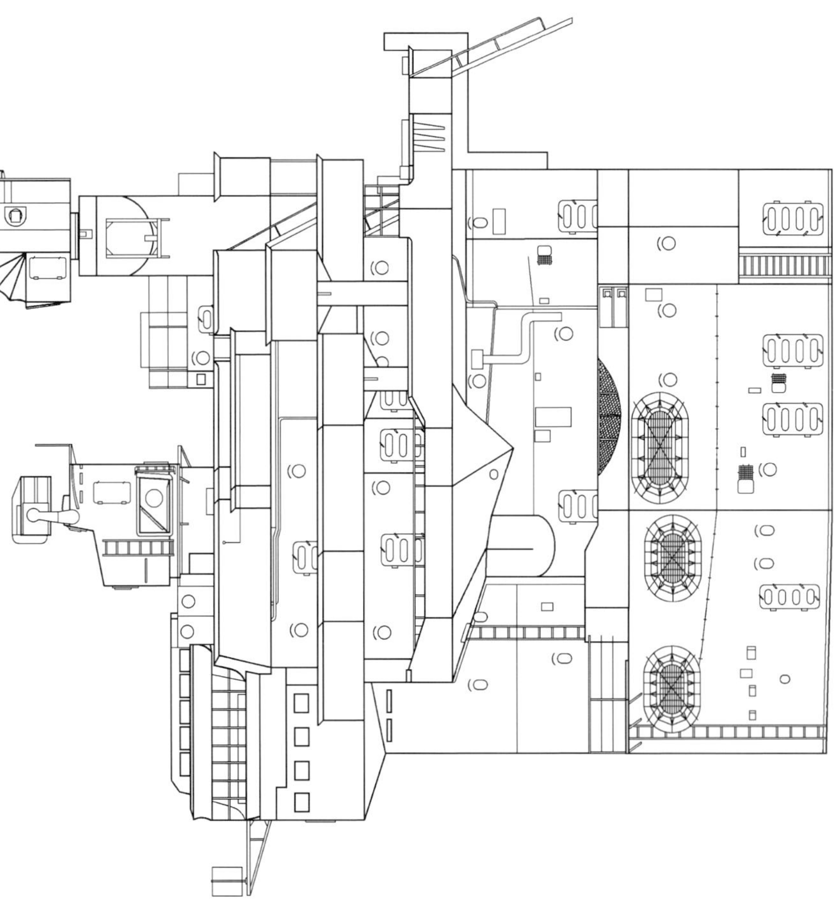

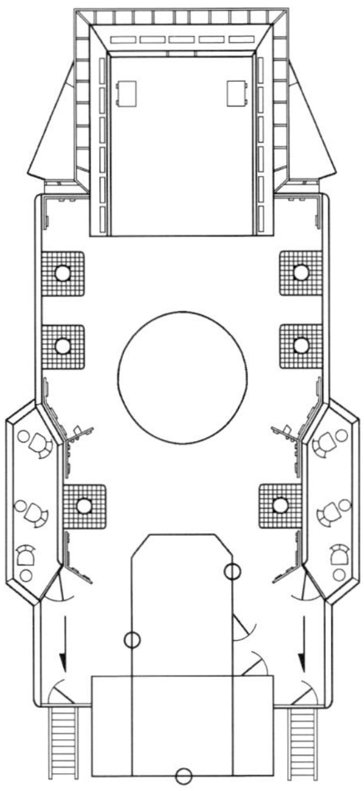

A – Upper platform
A – Pomost górny

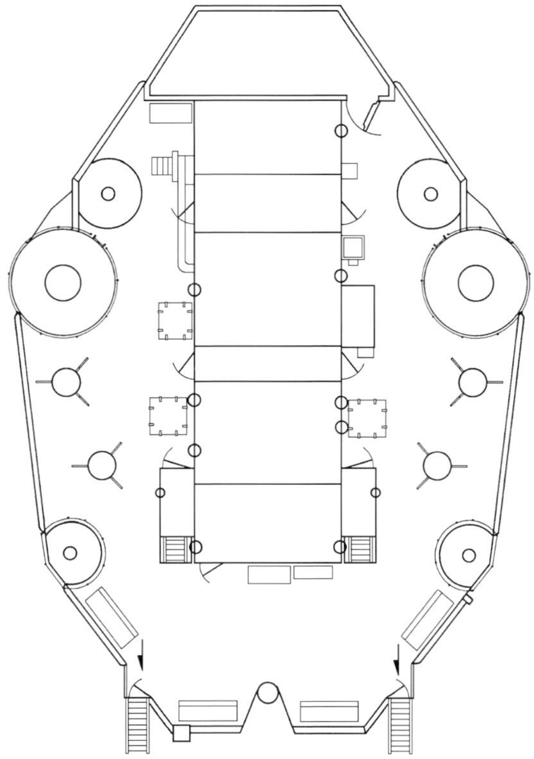

C – Signal platform
C – Pomost sygnałowy

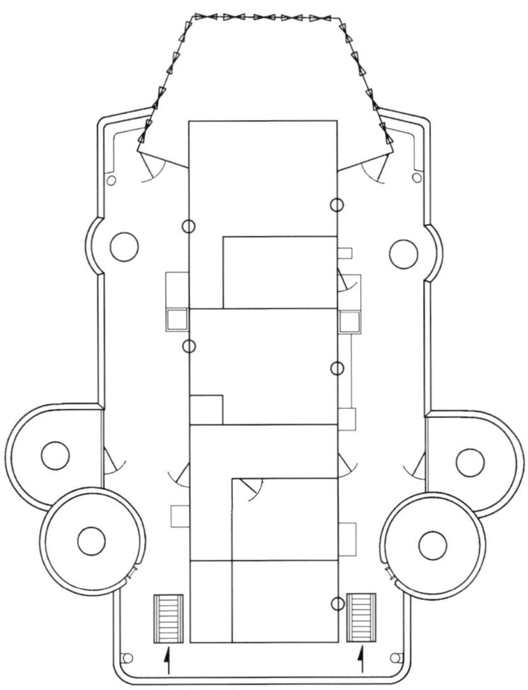

B – Admiral's bridge
B – Pomost admiralski

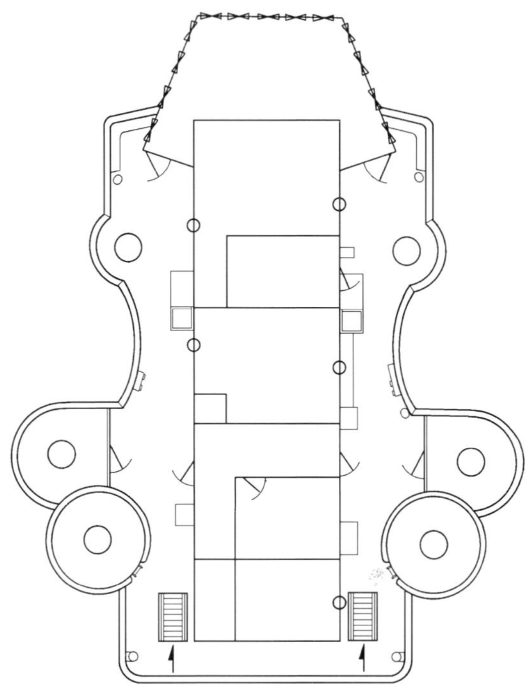

B-1 – Admiral's bridge after reconstruction (as of 1946)
B-1 – Pomost admiralski po przebudowie stan na rok 1946

D – Superstructure level 2
D – Poziom platformy nr 2

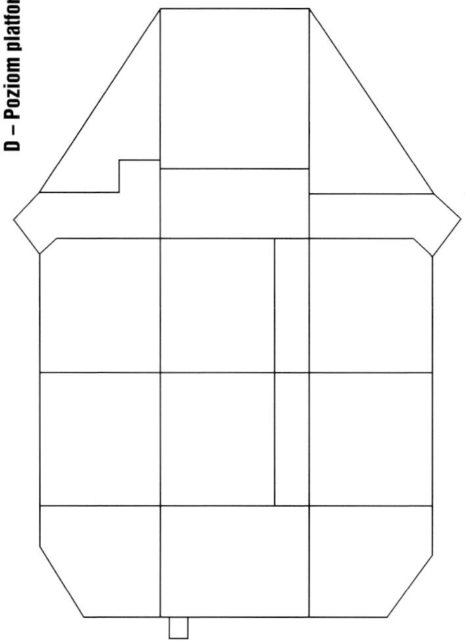

F – Superstructure shelter deck
F – Poziom pokładu ochronnego nadbudówki

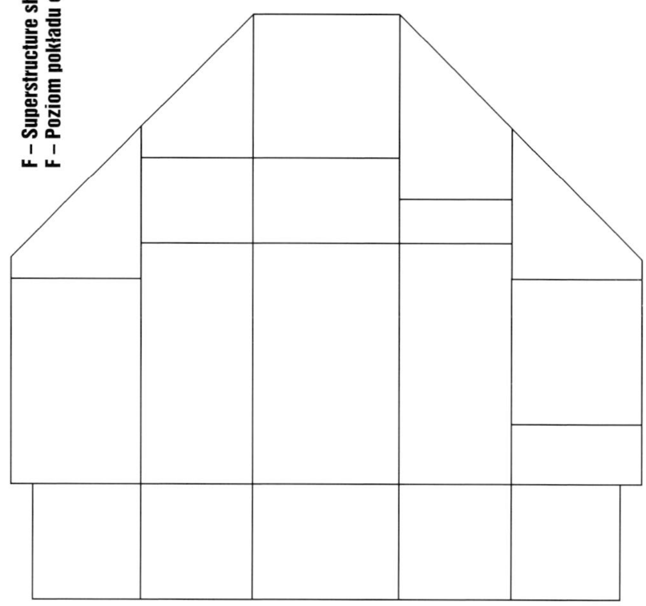

C-2 – Signal platform after reconstruction (as of 1946)
C-2 – Pomost sygnałowy po przebudowie stan na rok 1946

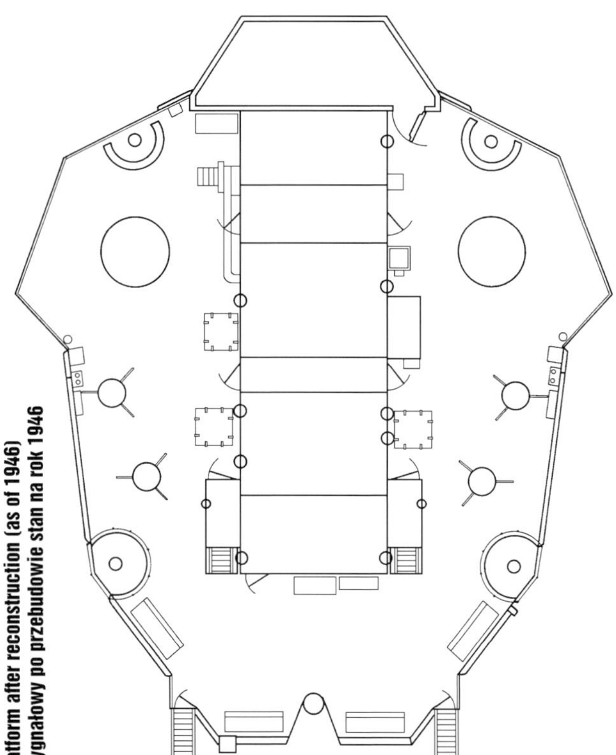

E – Superstructure level 1
E – Poziom platformy nr 1

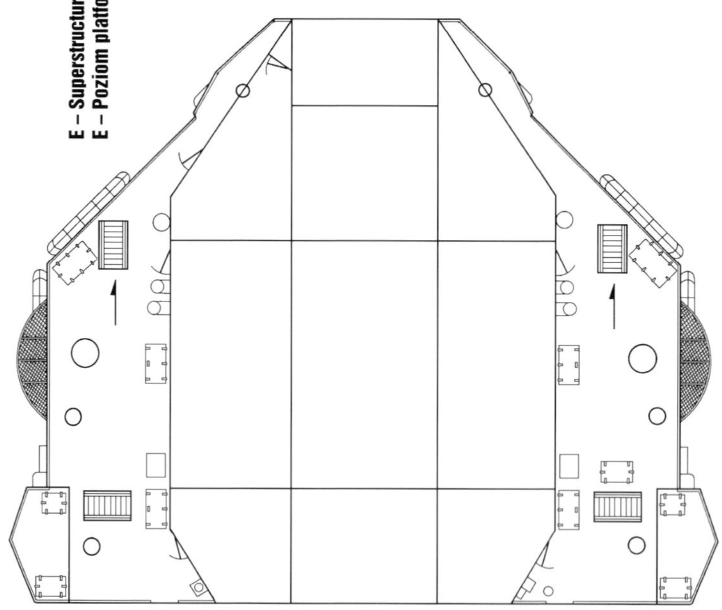

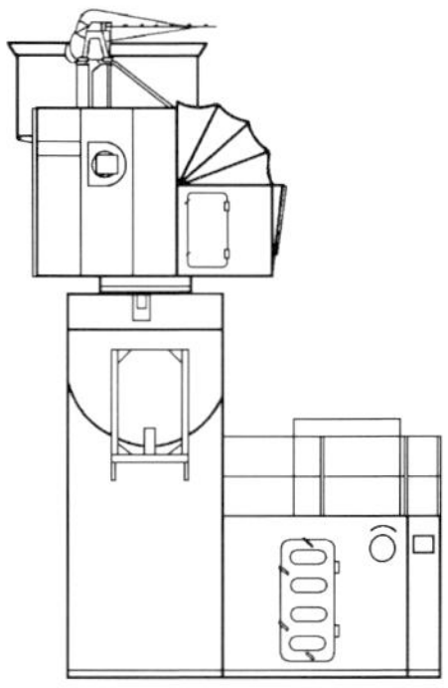

View from starboard
Widok z prawej burty

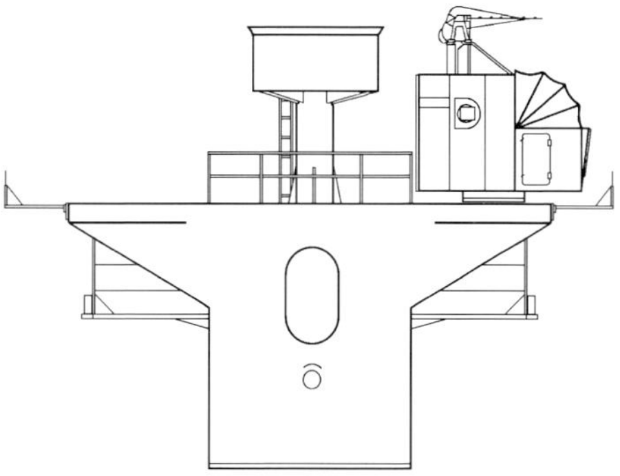

View from astern
Widok od rufy

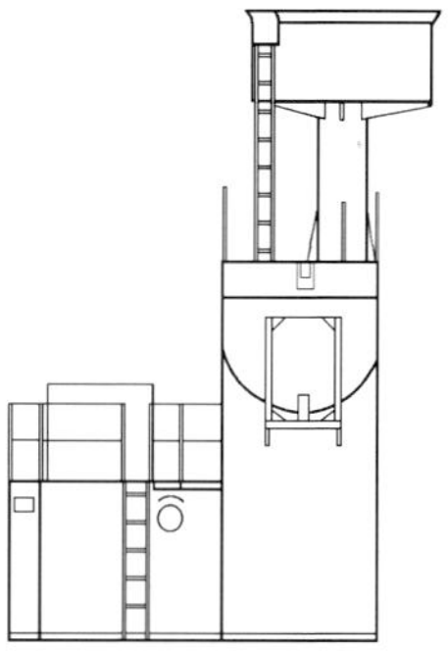

View from port side
Widok z lewej burty

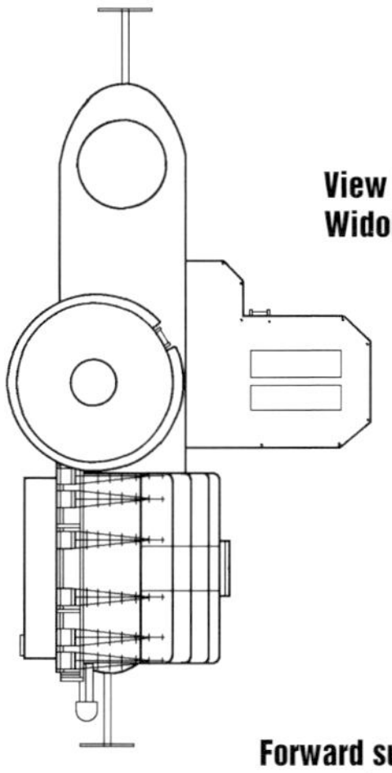

View from above
Widok z góry

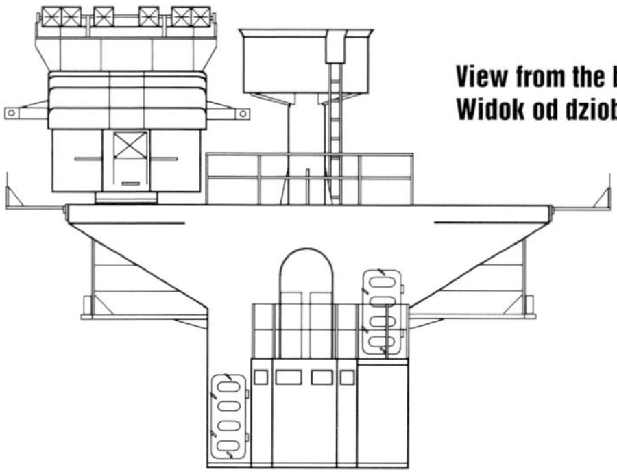

View from the bow
Widok od dziobu

Forward superstructure with medium battery gun director stations
Nadbudówka z dziobowymi stanowiskami dla dalocelowników artylerii średniej

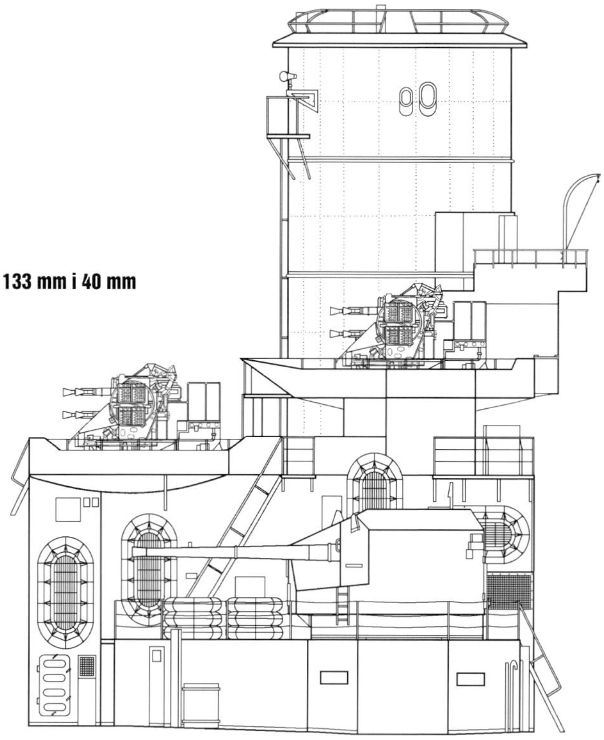

Midships superstructure with 133 mm and 44 mm gun stations
Nadbudówka śródokręcia z widocznymi stanowiskami artylerii kal. 133 mm i 40 mm

Midships superstructure with seaplane hangars (as of 1941)
Nadbudówka śródokręcia z hangarami dla wodnosamolotów stan na rok 1941

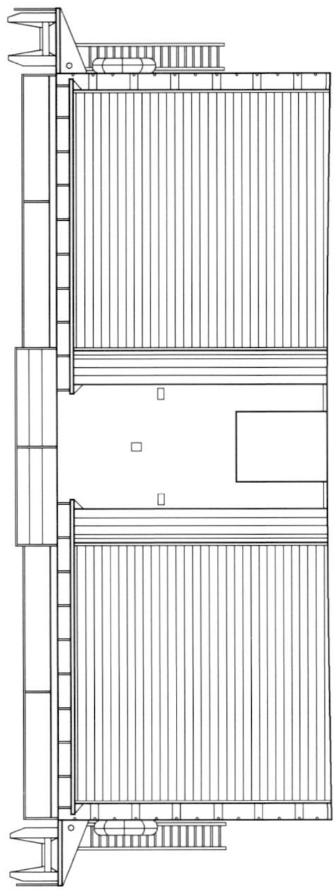
View from astern
Widok od rufy

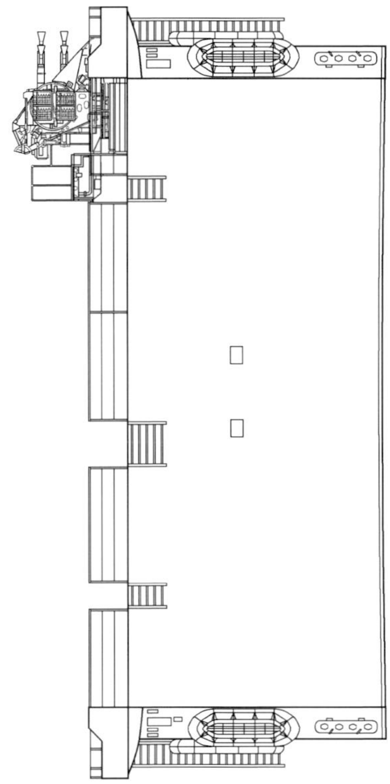
View from the bow
Widok od dziobu

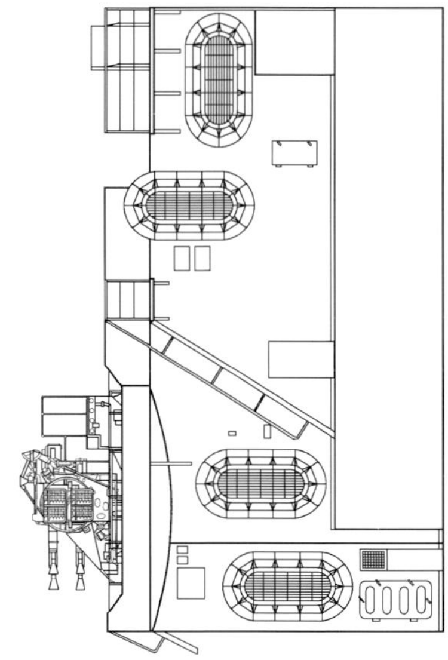
View from port side
Widok z lewej burty

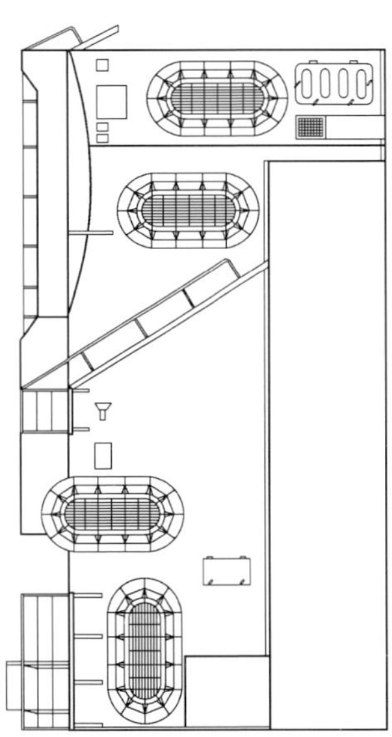
View from starboard
Widok z prawej burty

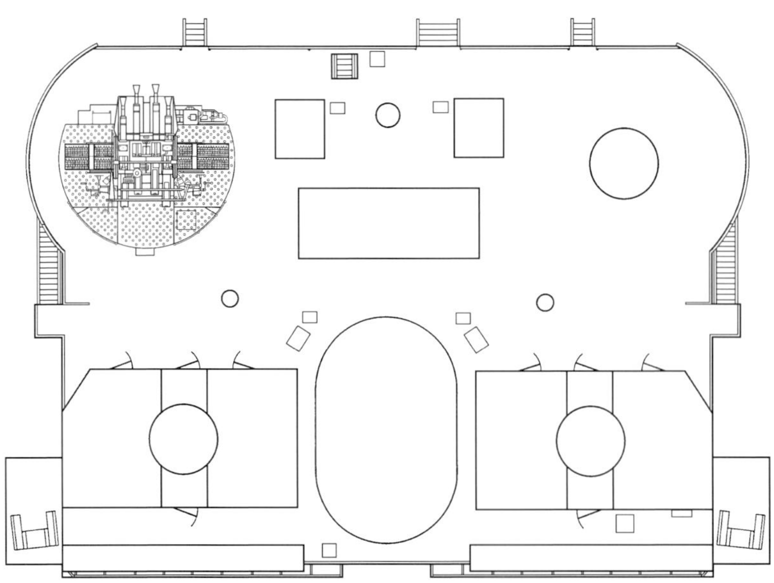
View from above
Widok z góry

Midships superstructure
Nadbudówka śródokręcia

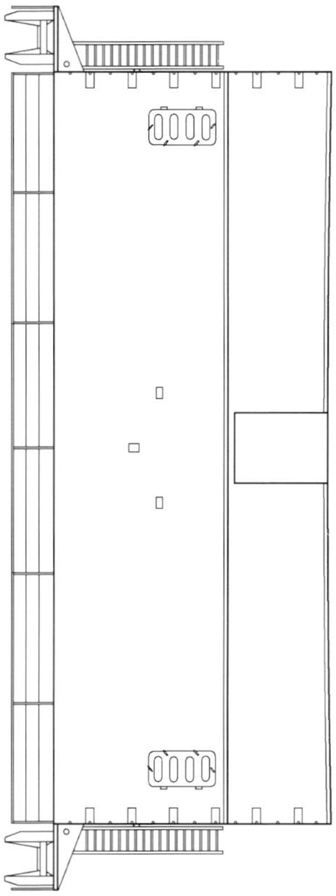

View from astern
Widok od rufy

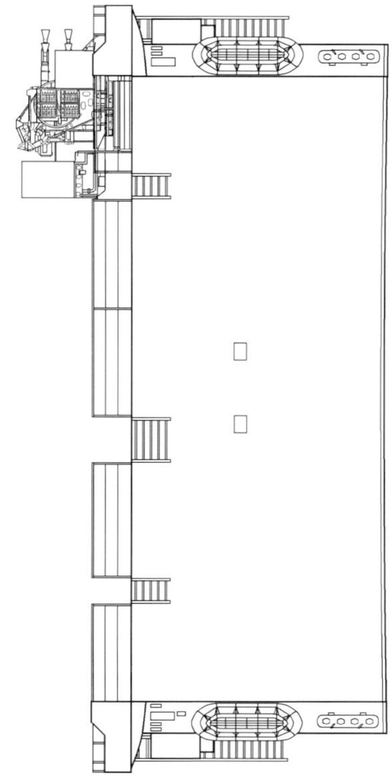

View from the bow
Widok od dziobu

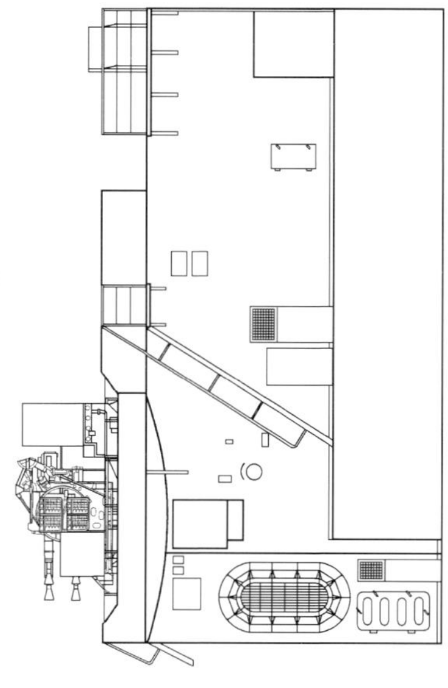

View from port side
Widok z lewej burty

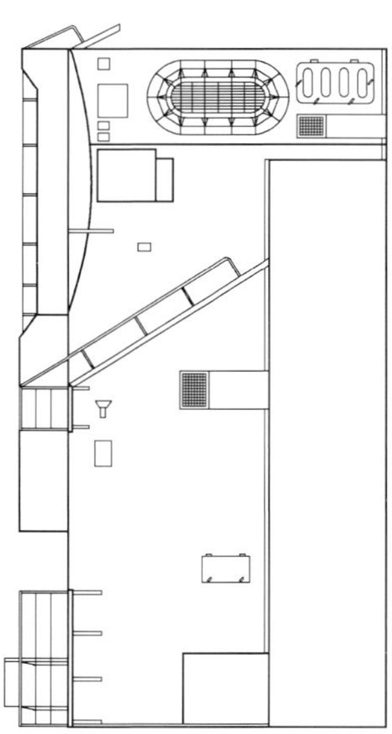

View from starboard
Widok z prawej burty

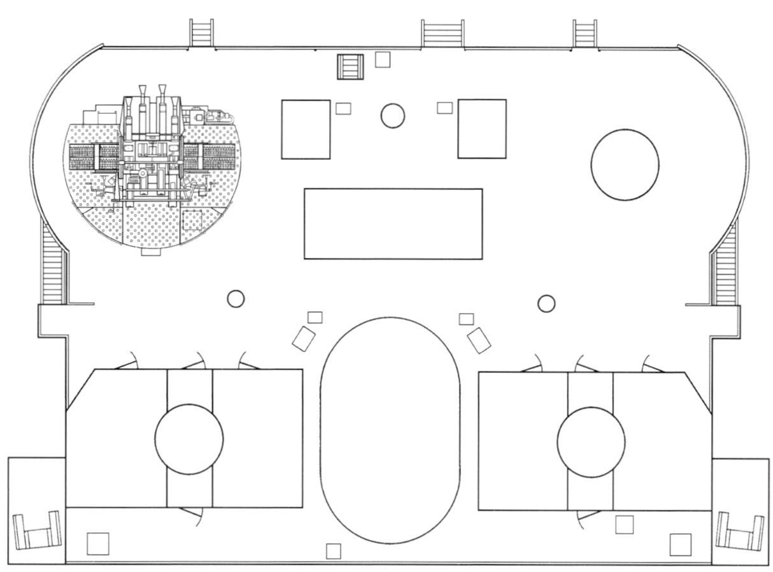

View from above
Widok z góry

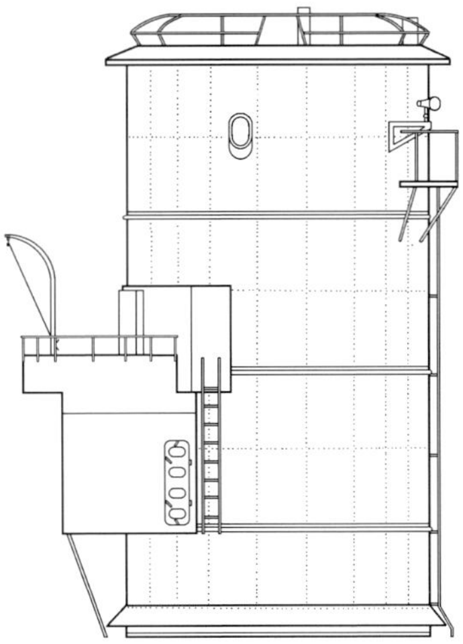

View from starboard
Widok z prawej burty

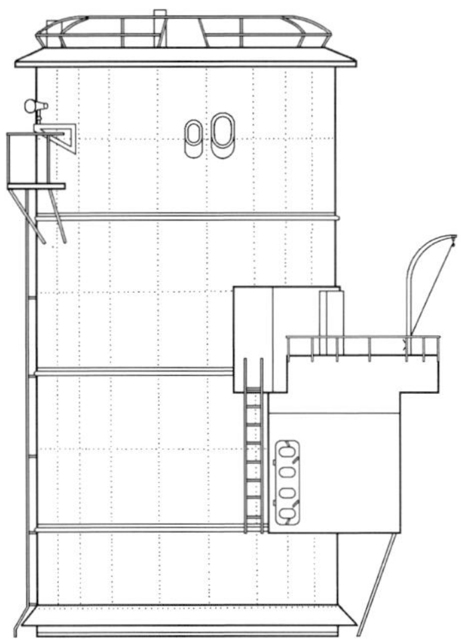

View from port side
Widok z lewej burty

View from above
Widok z góry

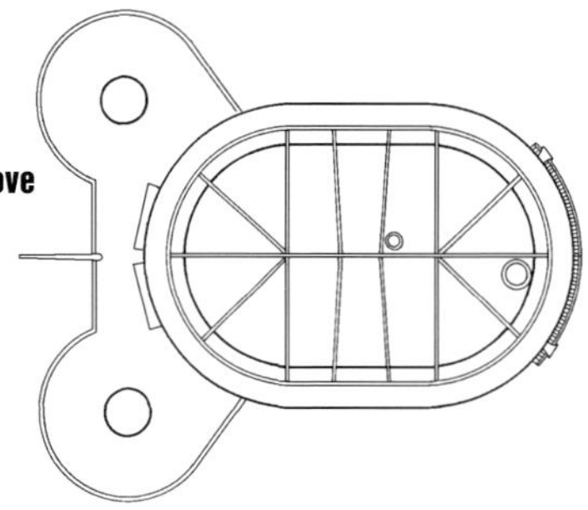

Funnel No 1 (as of 1941)
Komin nr 1 według stanu na rok 1941

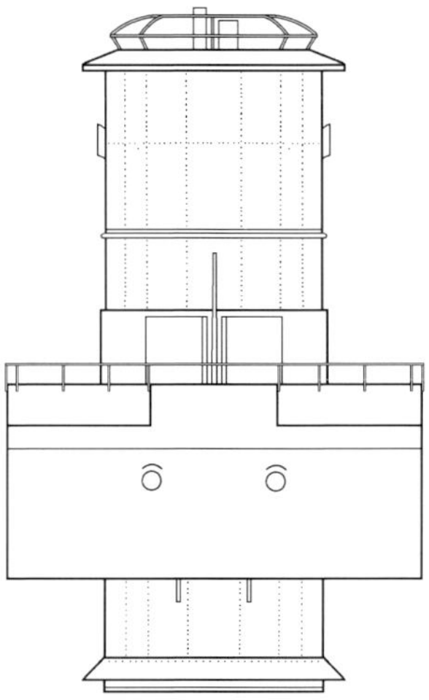

View from astern
Widok od rufy

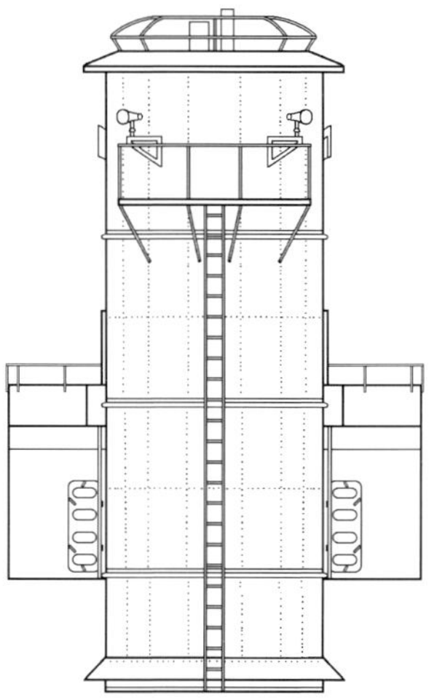

View from the bow
Widok od dziobu

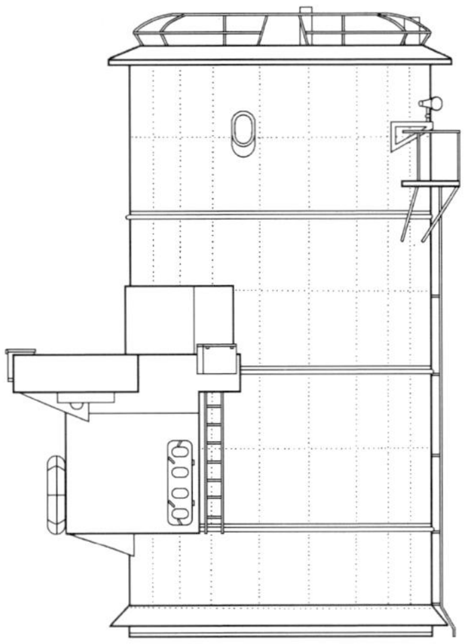

View from starboard
Widok z prawej burty

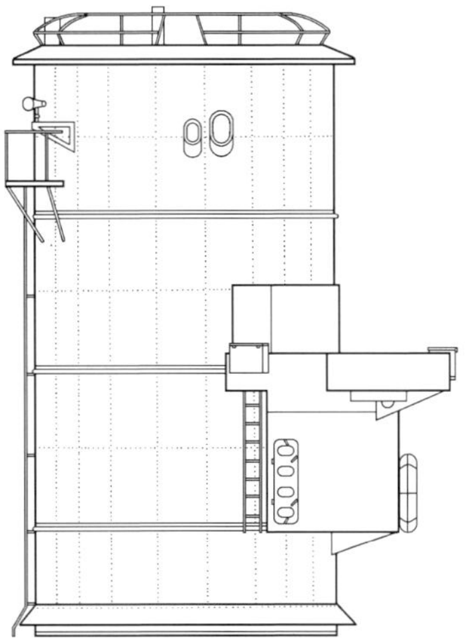

View from port side
Widok z lewej burty

View from above
Widok z góry

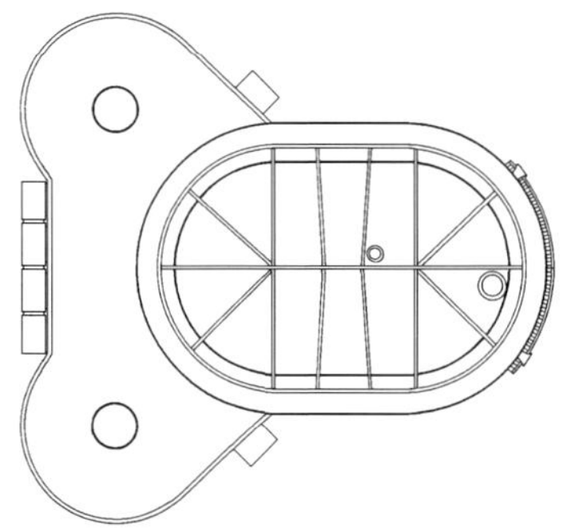

Funnel No 1 (as of 1946)
Komin nr 1 według stanu na rok 1946

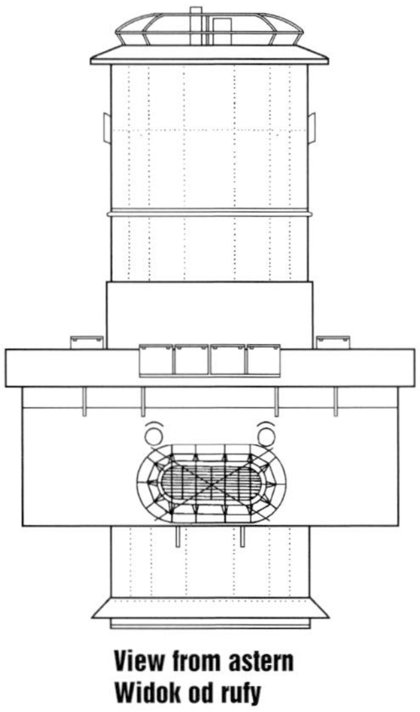

View from astern
Widok od rufy

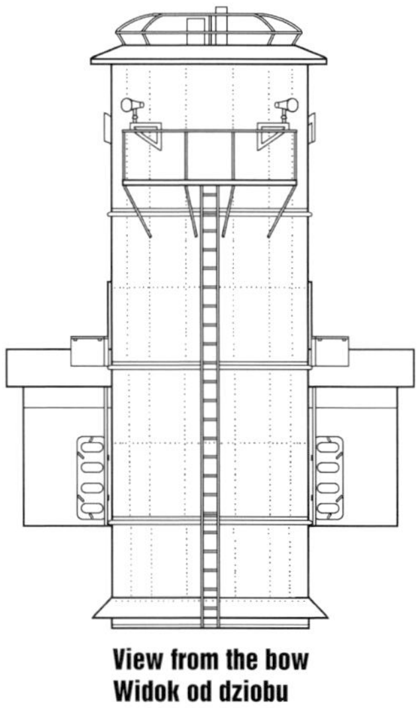

View from the bow
Widok od dziobu

Arkusz/Sheet 14

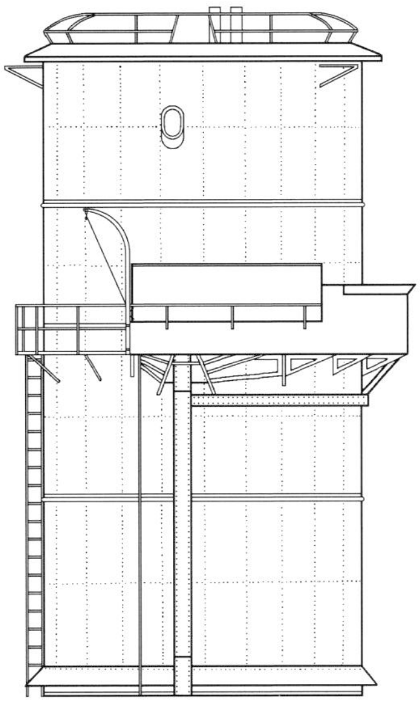

View from starboard
Widok z prawej burty

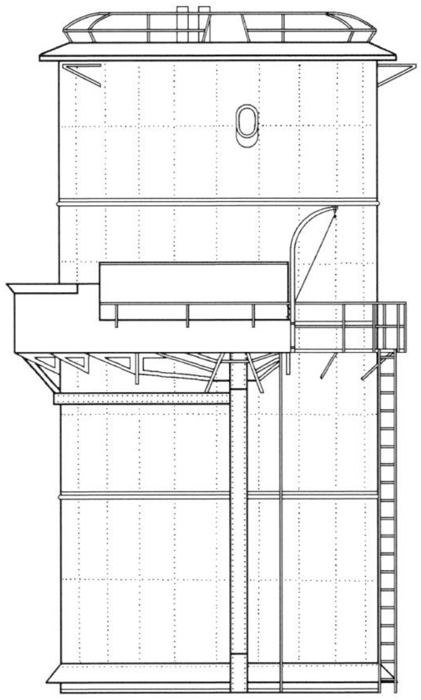

View from port side
Widok z lewej burty

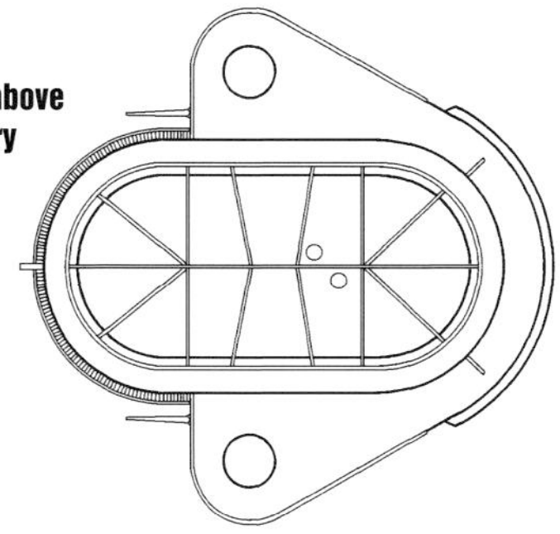

View from above
Widok z góry

Funnel No 2 (as of 1941)
Komin nr 2według stanu na rok 1941

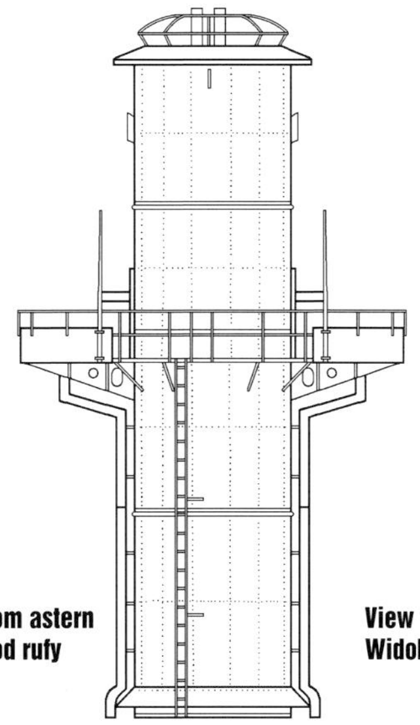

View from astern
Widok od rufy

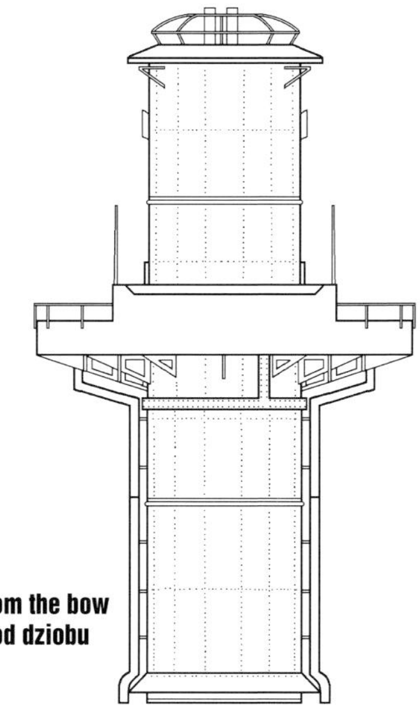

View from the bow
Widok od dziobu

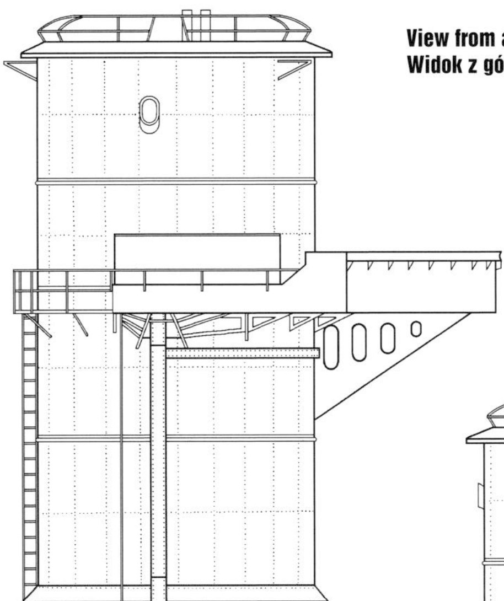

View from starboard
Widok z prawej burty

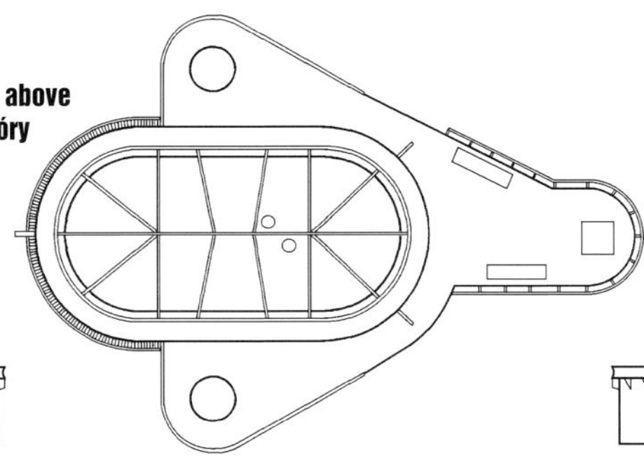

View from above
Widok z góry

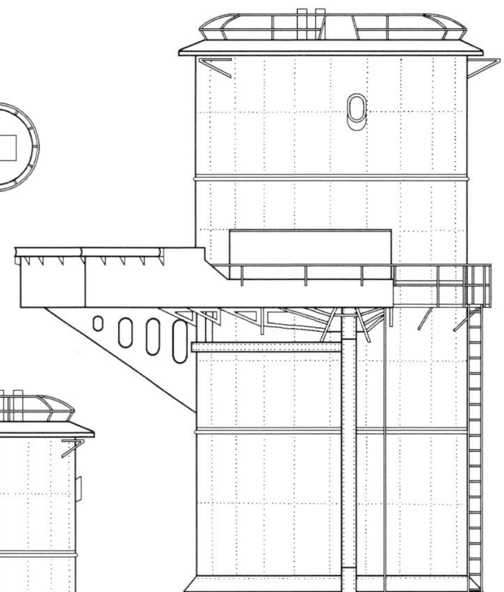

View from port side
Widok z lewej burty

Funnel No 2 (as of 1946)
Komin nr 2 według stanu na rok 1946

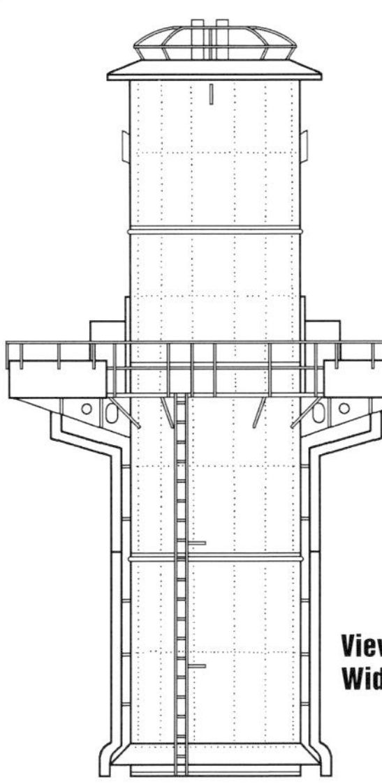

View from astern
Widok od rufy

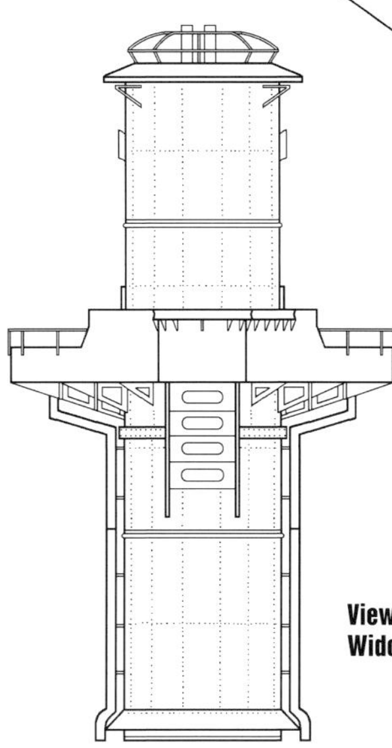

View from the bow
Widok od dziobu

HMS Duke of York

Midships superstructure with the new boat deck (as of 1945)
Nadbudówka śródokręcia z nowym pokładem łodziowym stan na rok 1945

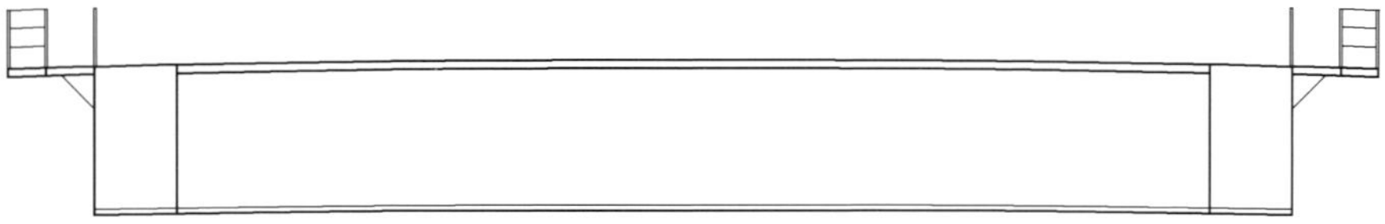

View from the bow
Widok od dziobu

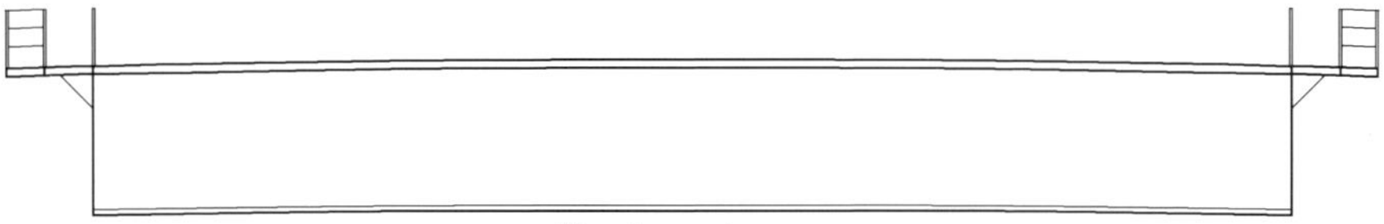

View from astern
Widok od rufy

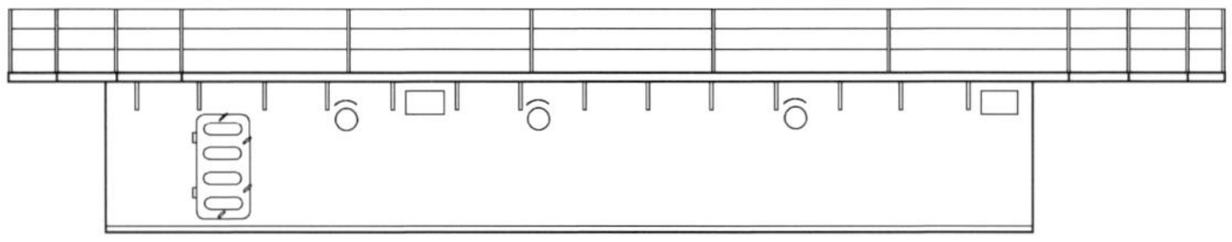

View from port side
Widok z lewej burty

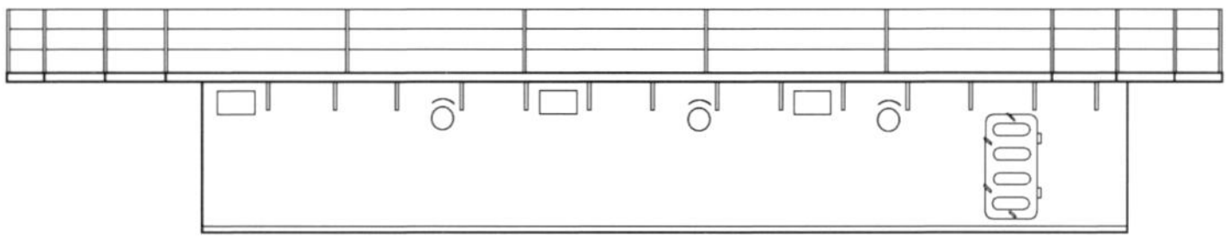

View from starboard side
Widok z prawej burty

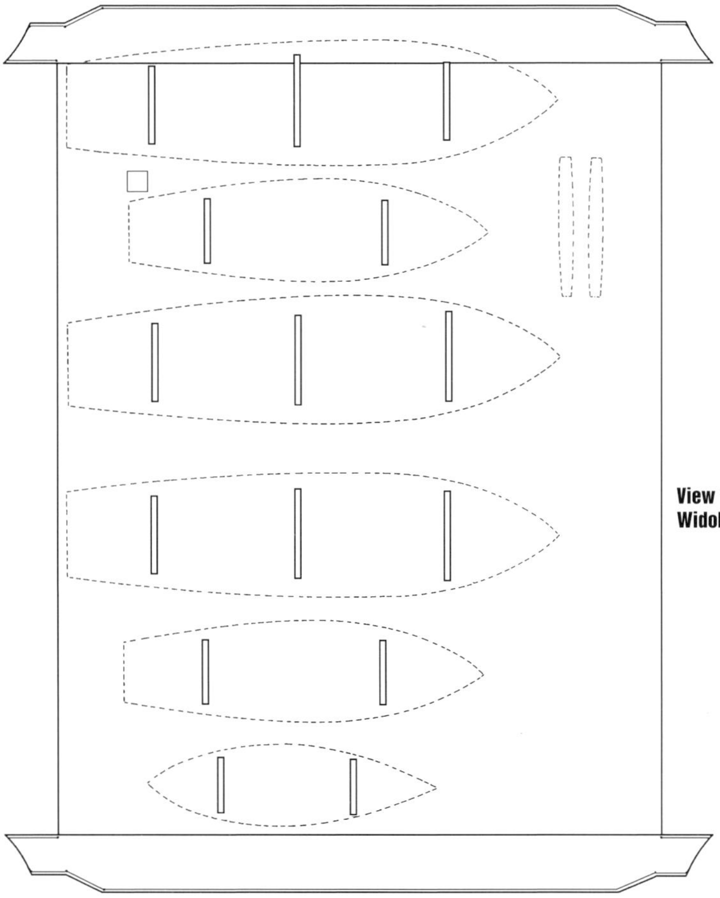

View from above
Widok z góry

Upper 40 mm pom pom stations
Górne stanowiska działek plot kal. 40 mm pom pom

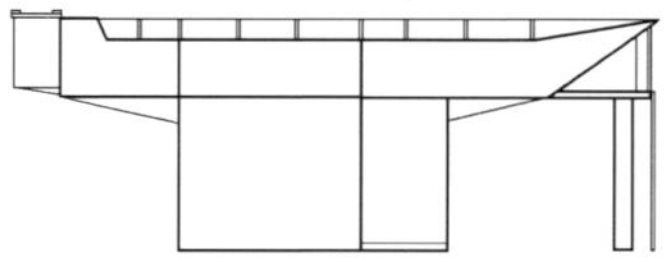

Starboard side mount
Stanowisko prawo burtowe

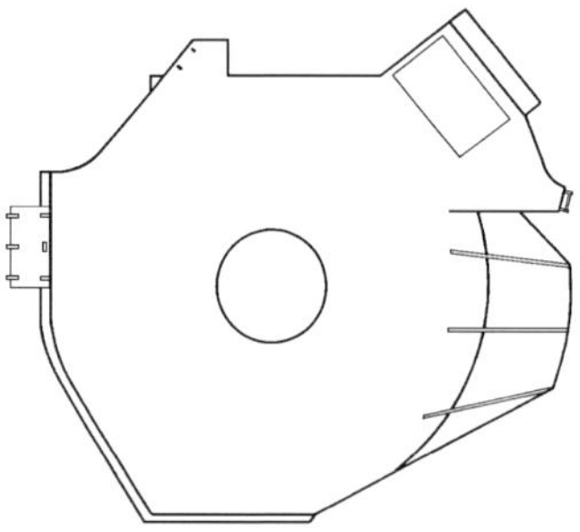

Starboard side mount, view from above
Stanowisko prawo burtowe widok z góry

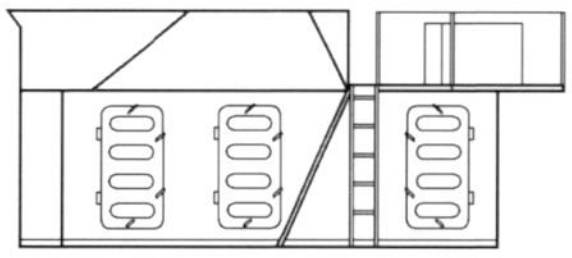

View from the bow
Widok od dziobu

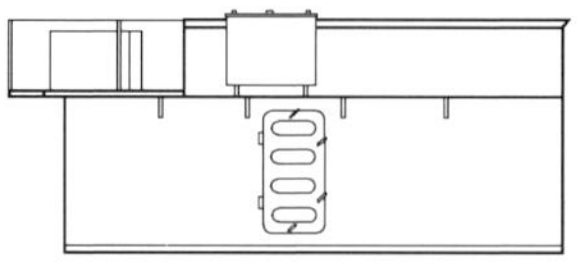

View from astern
Widok od rufy

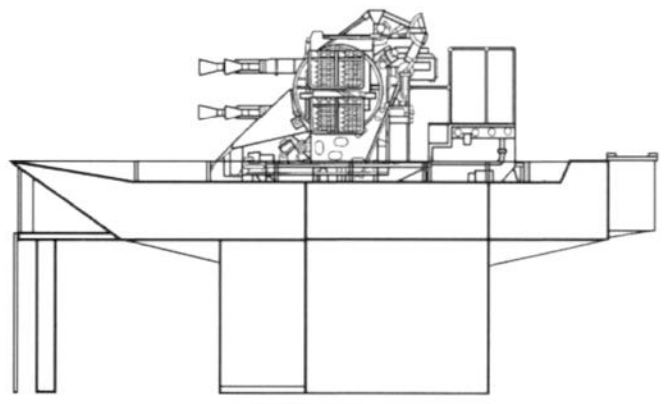

Port side mount
Stanowisko lewo burtowe

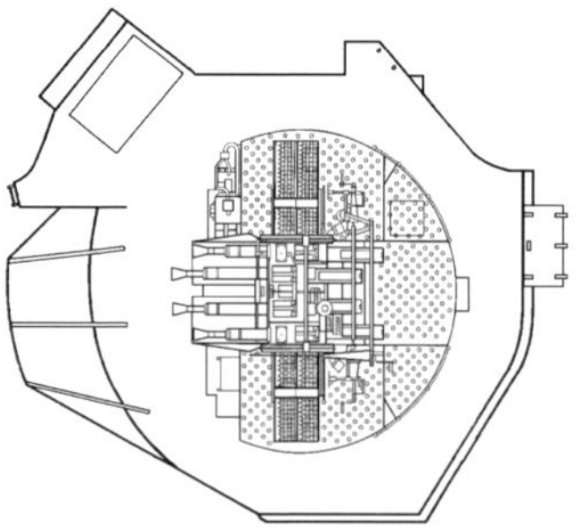

Port side mount, view from above
Stanowisko lewo burtowe widok z góry

Arkusz/Sheet 16

Aft superstructure with the boat deck (as of 1943)
Nadbudówka rufowa z pokładem łodziowym stan na rok 1943

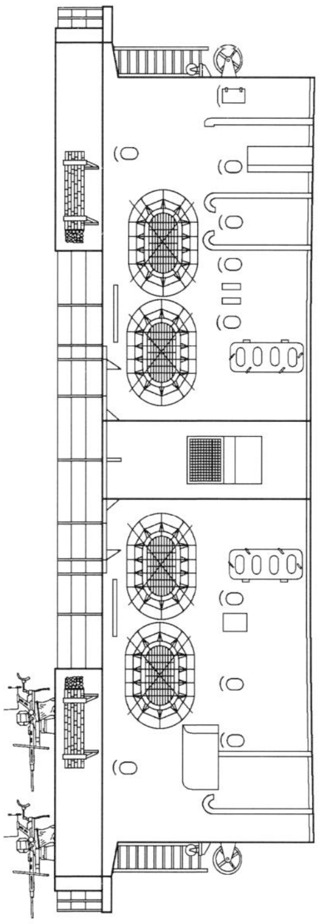

View from astern
Widok od rufy

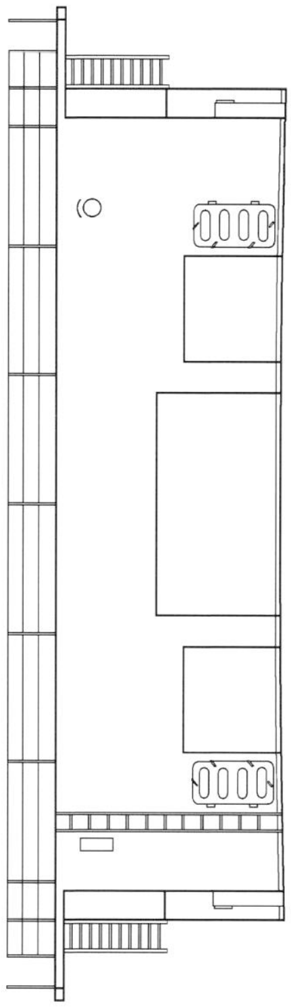

View from the bow
Widok od dziobu

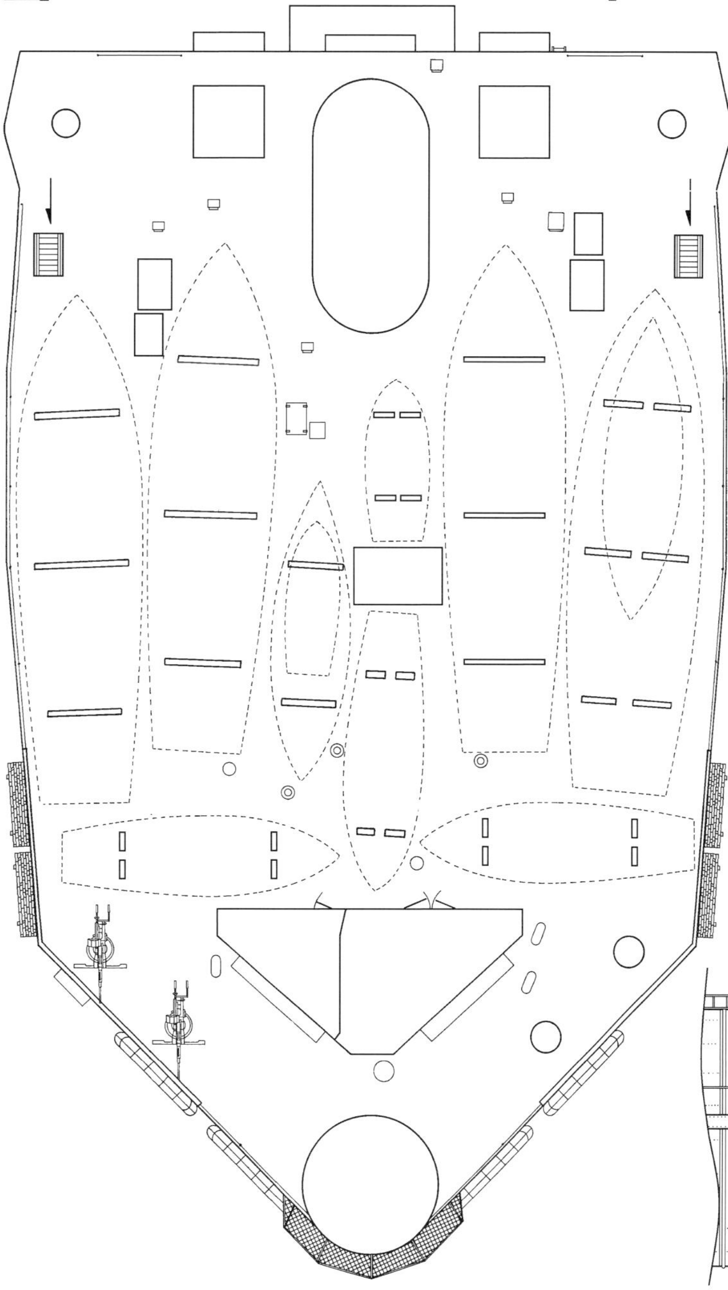

View from above
Widok z góry

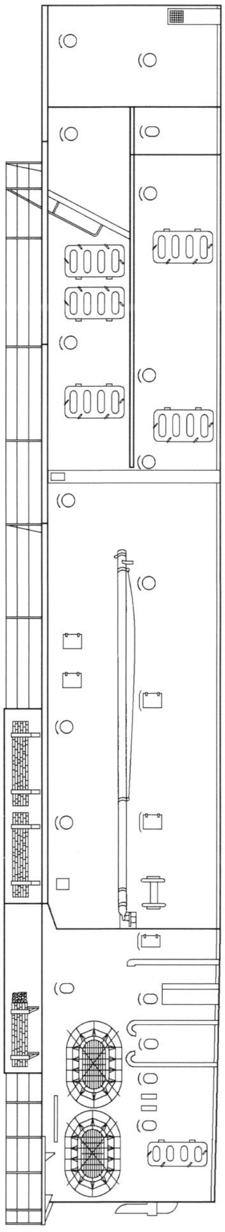

View from starboard side
Widok z prawej burty

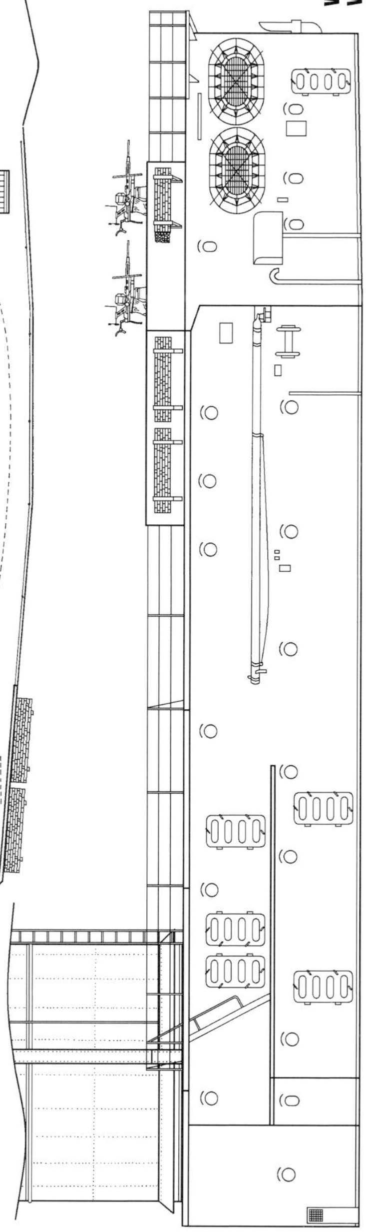

View from port side
Widok z lewej burty

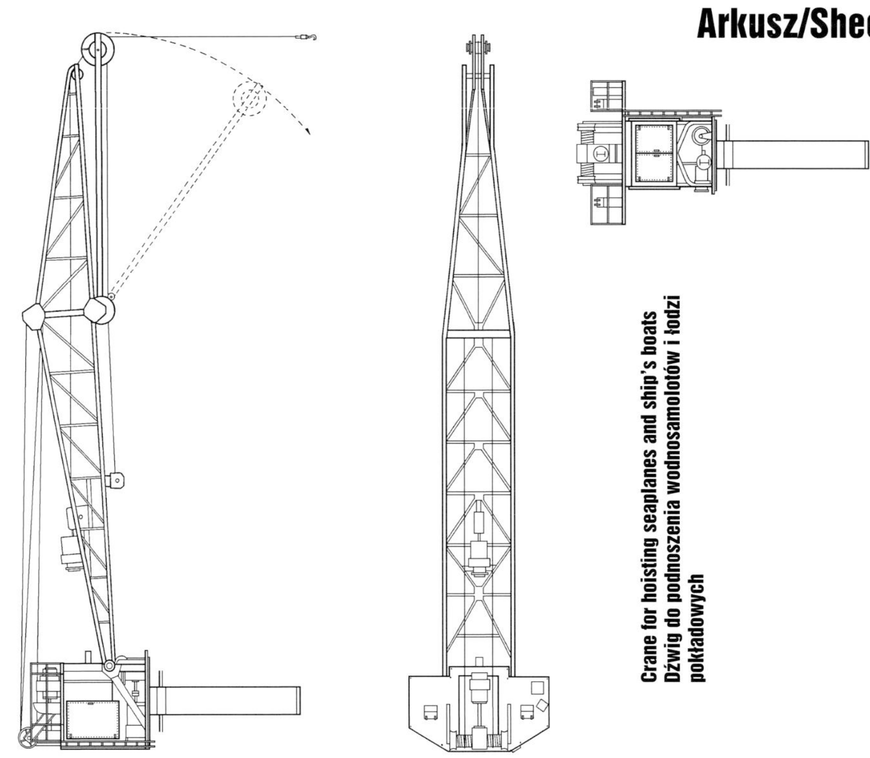

Crane for hoisting seaplanes and ship's boats
Dźwig do podnoszenia wodnosamolotów i łodzi pokładowych

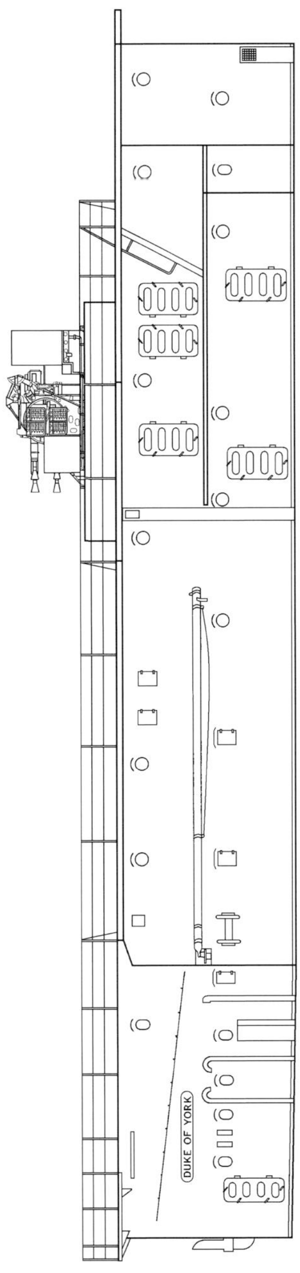

Aft superstructure (as of 1943)
Nadbudówka rufowa według stanu na rok 1946

View from starboard side
Widok z prawej burty

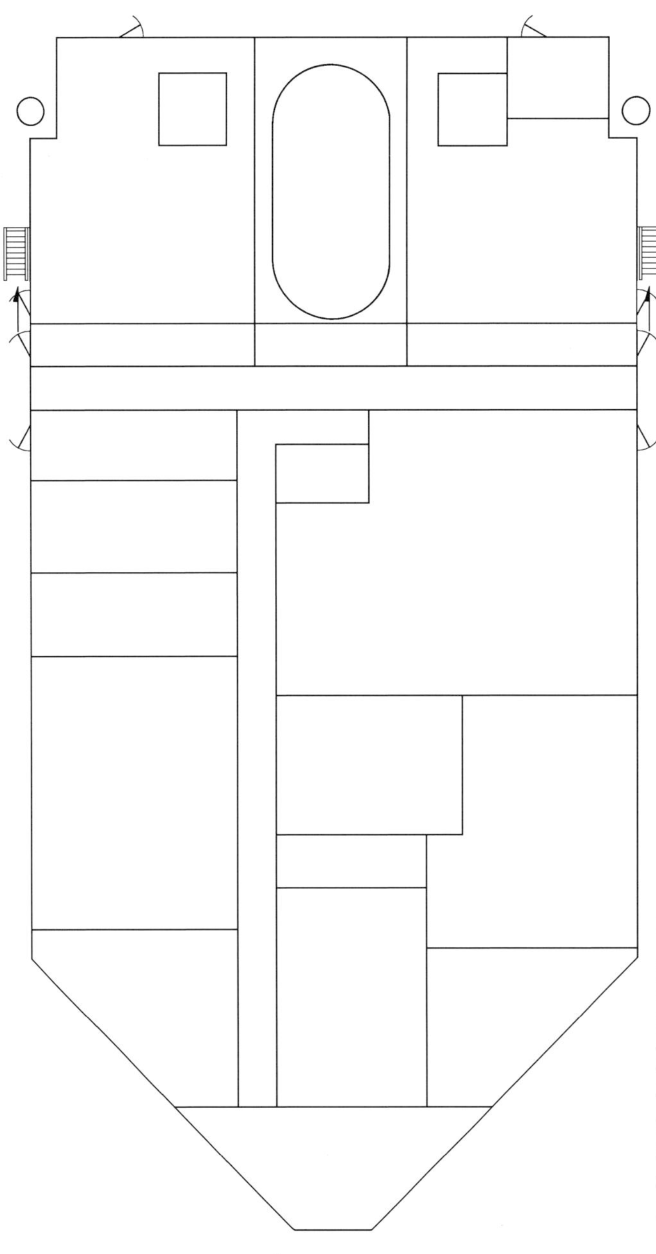

A – Shelter deck of aft superstructure
A – Poziom pokładu ochronnego nadbudówki rufowej

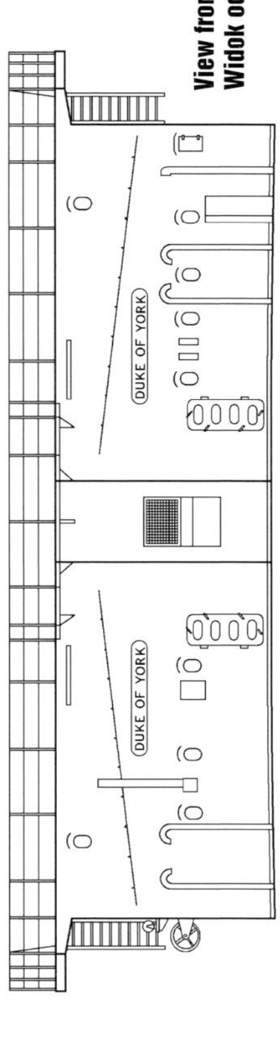

View from astern
Widok od rufy

Aft superstructure (as of 1943)
Nadbudówka rufowa według stanu na rok 1946

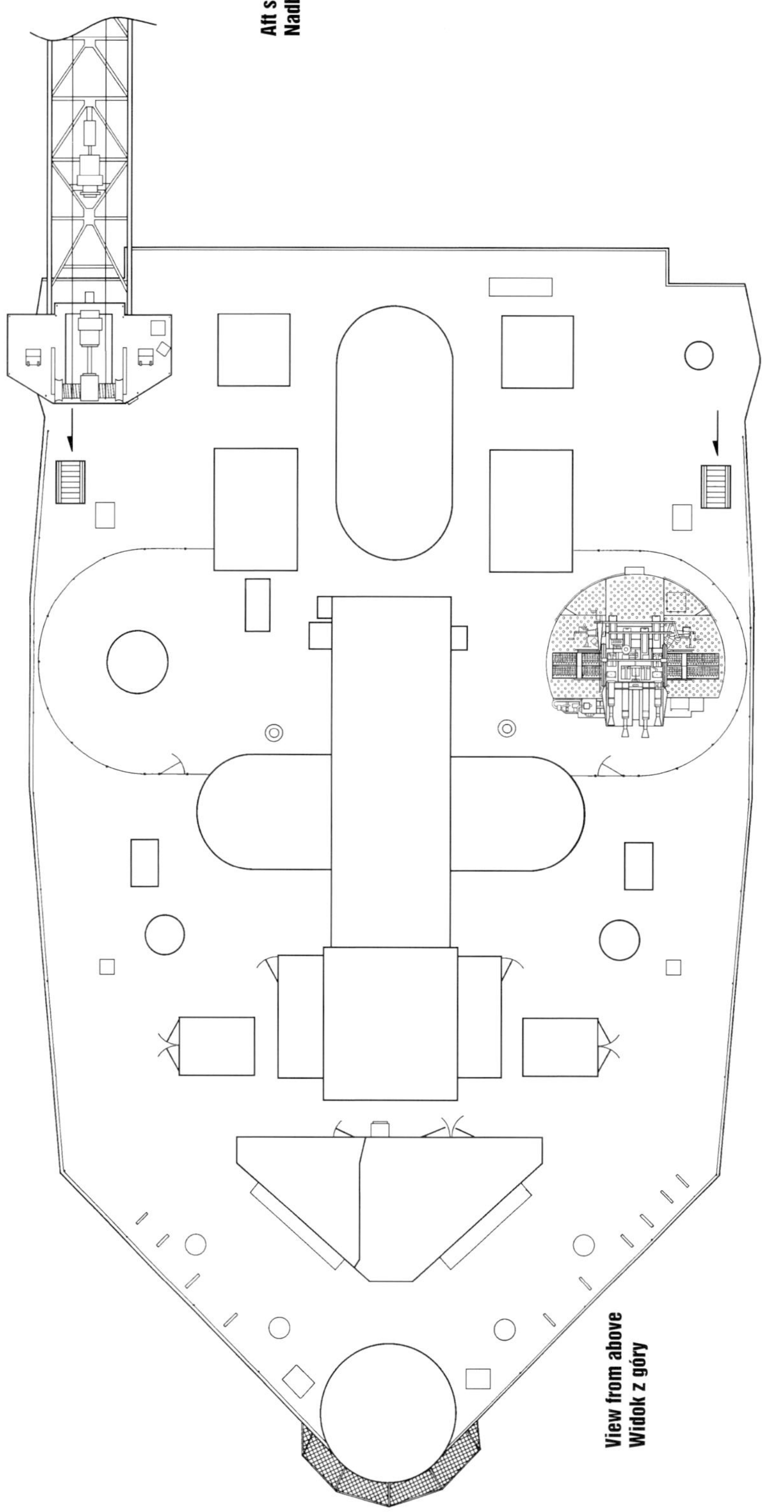

View from above
Widok z góry

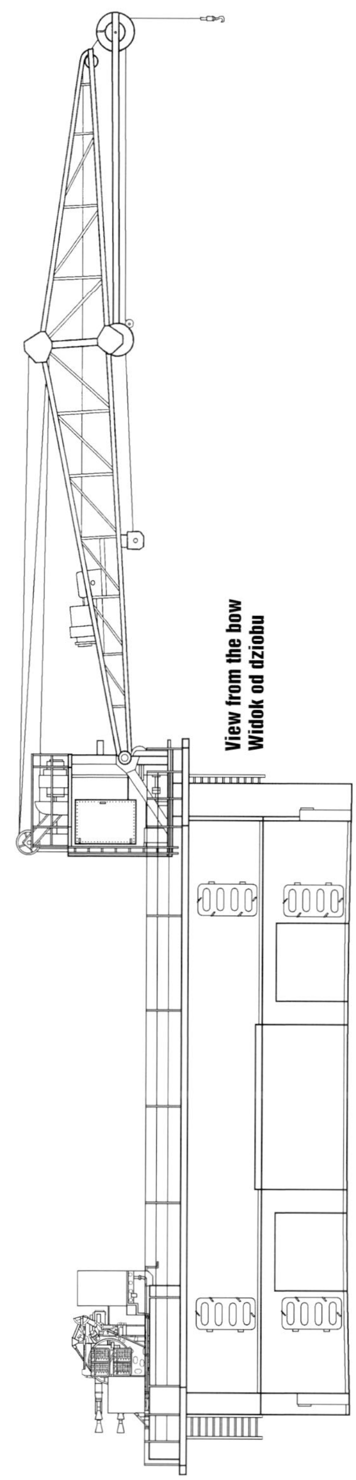

View from the bow
Widok od dziobu

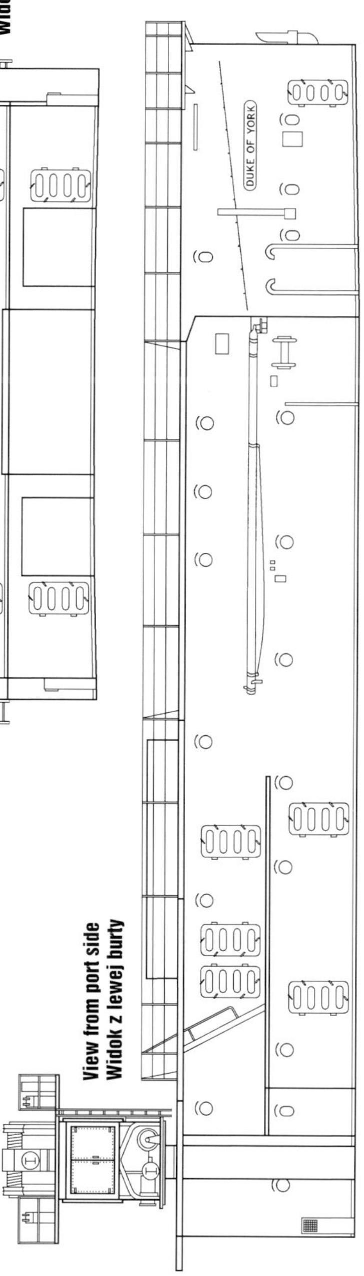

View from port side
Widok z lewej burty

HMS Duke of York

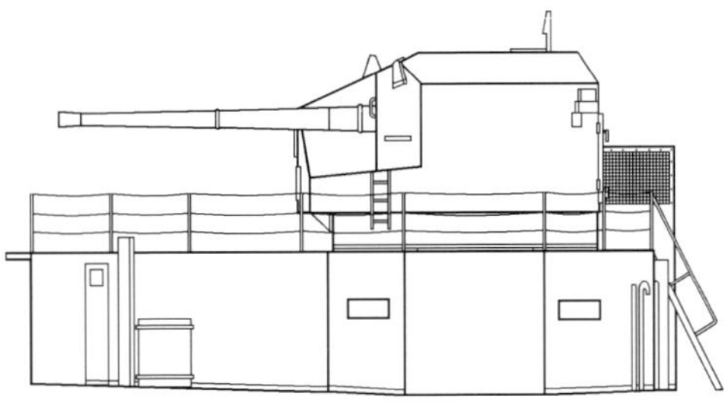

View from port side
Widok z lewej burty

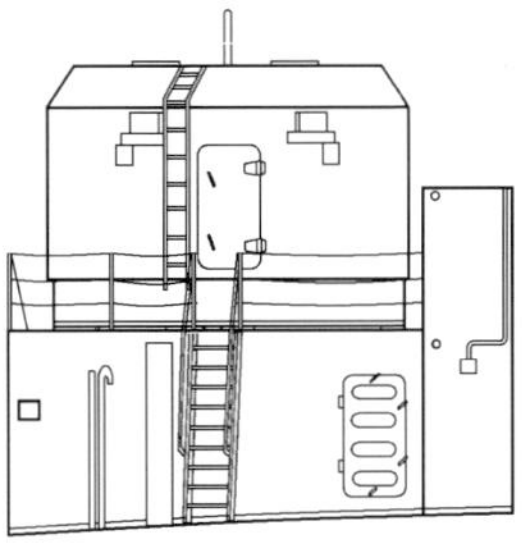

View from astern
Widok od rufy

Port side forward superstructure with 133 mm gun stations (as of 1946)
Lewo burtowa przednia nadbudówka ze stanowiskiem dla dział kal. 133 mm stan na rok 1946

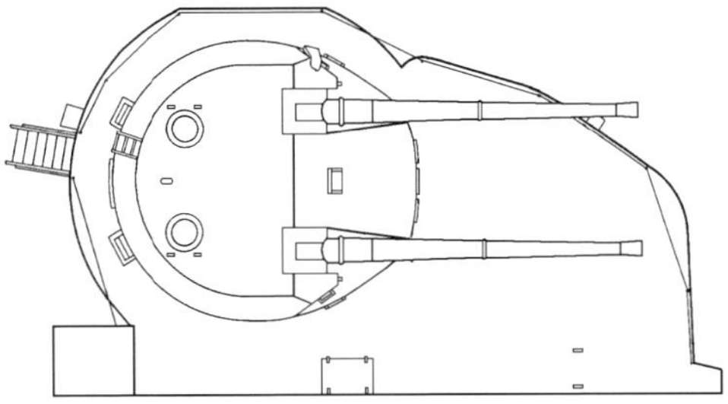

View from above
Widok z góry

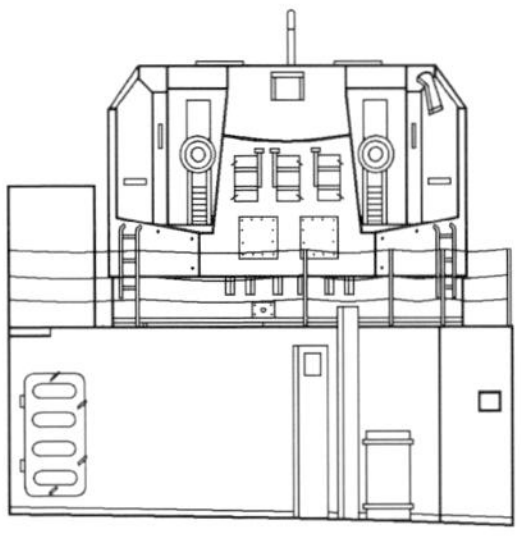

View from the bow
Widok od dziobu

Starboard aft superstructure with 133 mm gun stations (as of 1941)
Prawo burtowa tylnia nadbudówka ze stanowiskiem dla dział kal. 133 mm stan na rok 1941

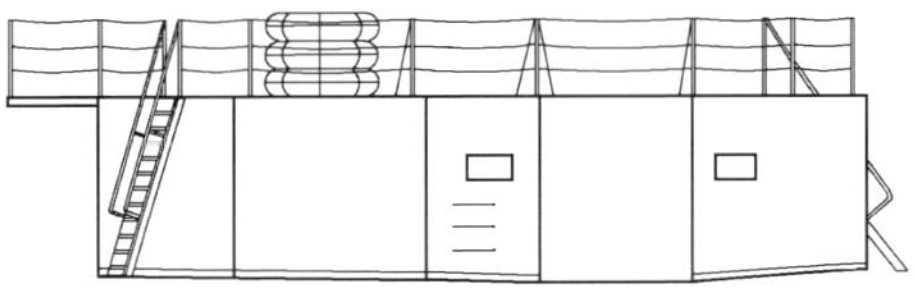

View from starboard side
Widok z prawej burty

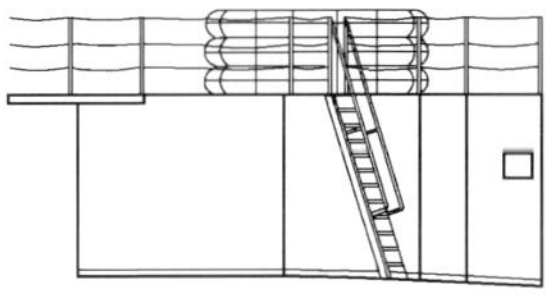

View from astern
Widok od rufy

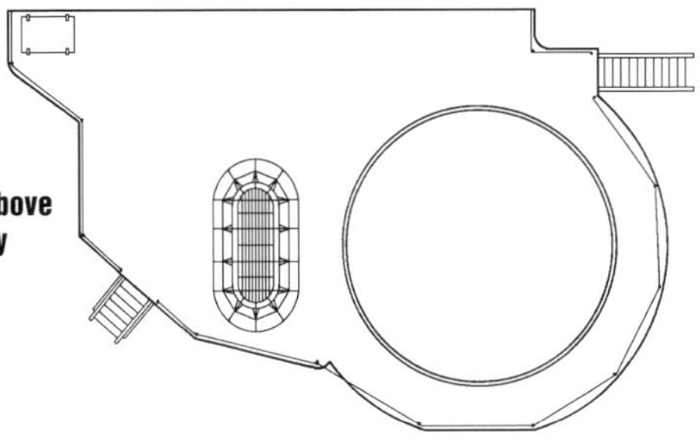

View from above
Widok z góry

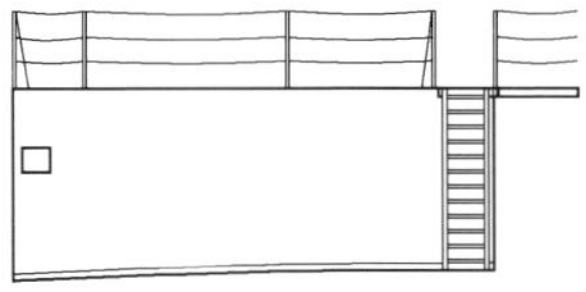

View from the bow
Widok od dziobu

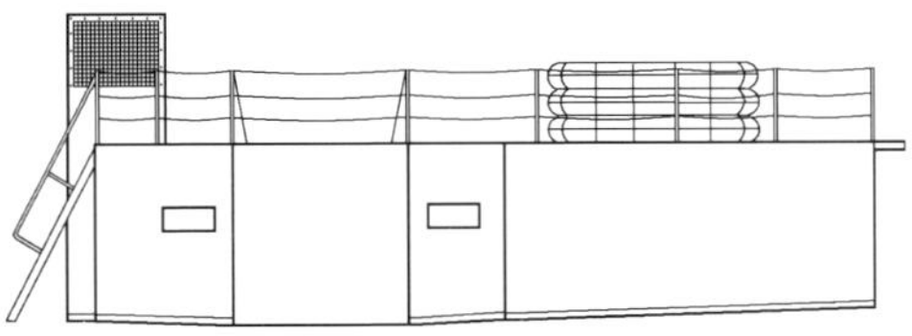

View from starboard side
Widok z prawej burty

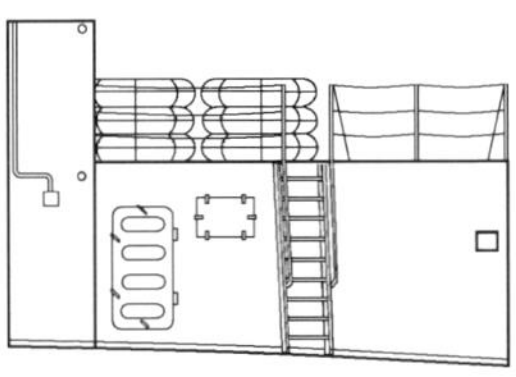

View from astern
Widok od rufy

Starboard superstructure with 133 mm gun stations (as of 1942)
Prawo burtowa nadbudówka ze stanowiskiem dla dział kal. 133 mm stan na rok 1942

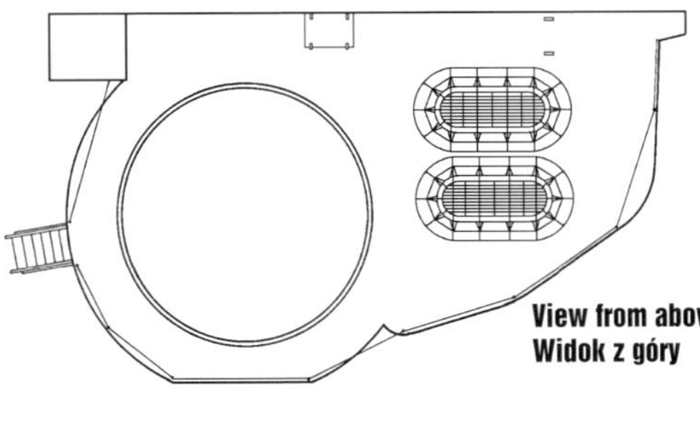

View from above
Widok z góry

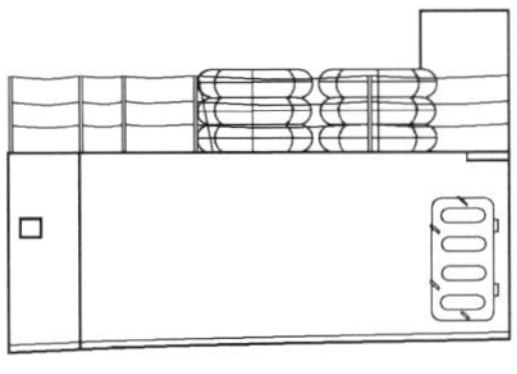

View from the bow
Widok od dziobu

Scale/Skala 1:200

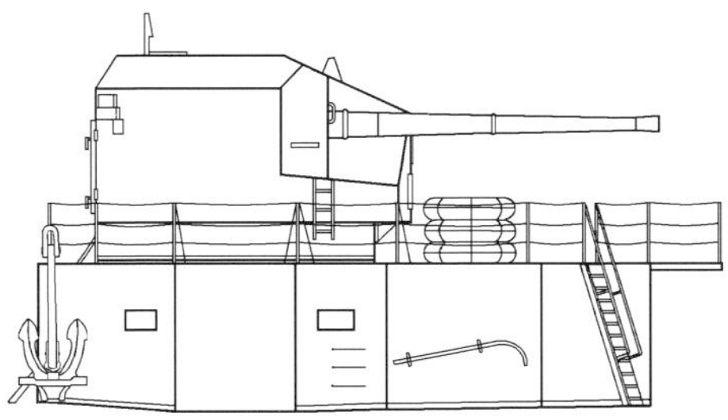

View from starboard side
Widok z lewej burty

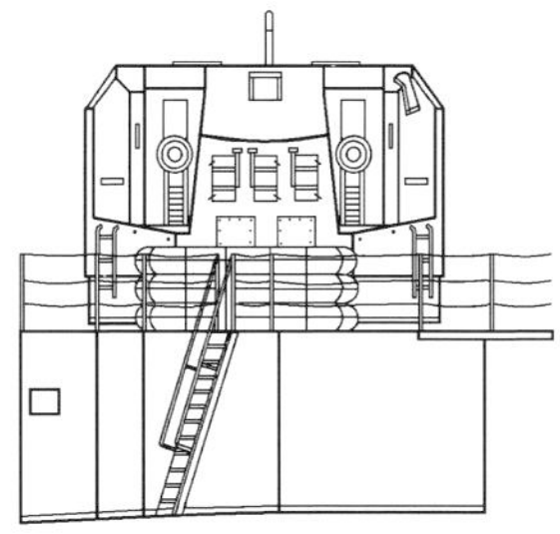

View from astern
Widok od rufy

Port side superstructure with 133 mm gun stations (as of 1945)
Lewo burtowa nadbudówka ze stanowiskiem dla dział kal. 133 mm stan na rok 1945

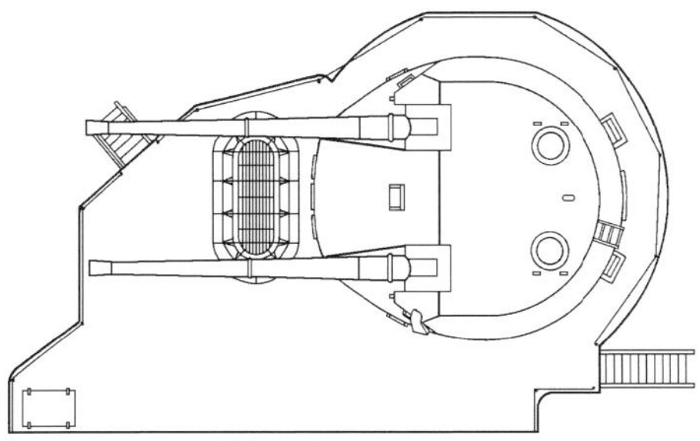

View from above
Widok z góry

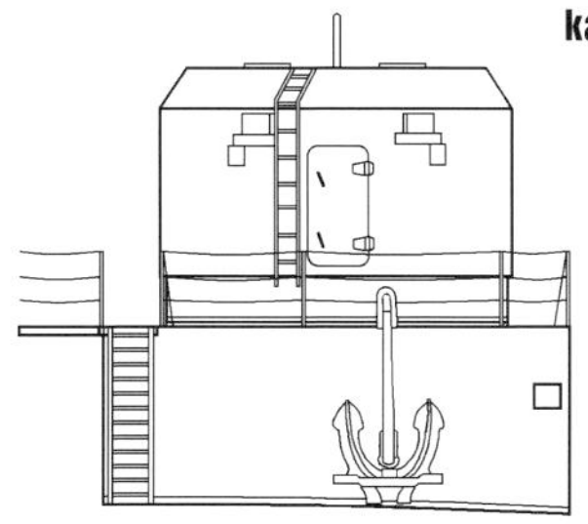

View from the bow
Widok od dziobu

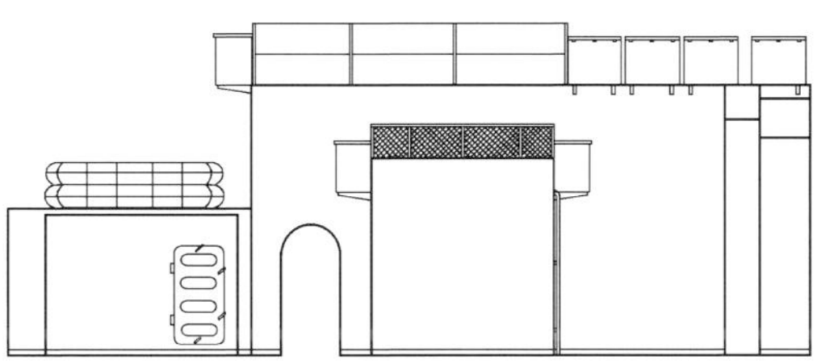

View from starboard side
Widok z prawej burty

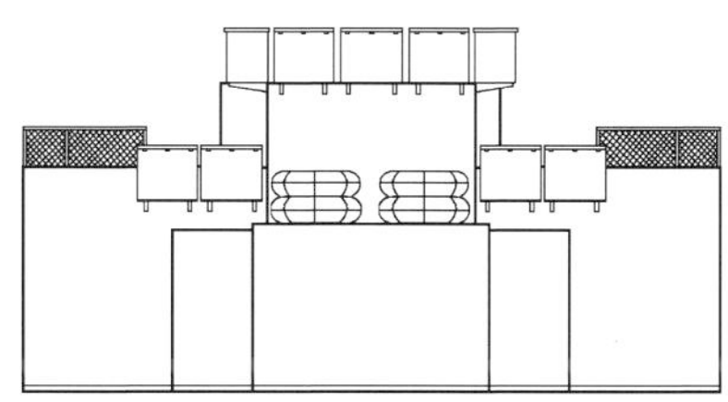

View from astern
Widok od rufy

Aft superstructure with twin 20 mm Oerlikon mounts (as of 1945)
Nadbudówka rufowa ze stanowiskami dla podwójnych zestawów działek plot kal. 20 mm Oerlikon stan na rok 1945

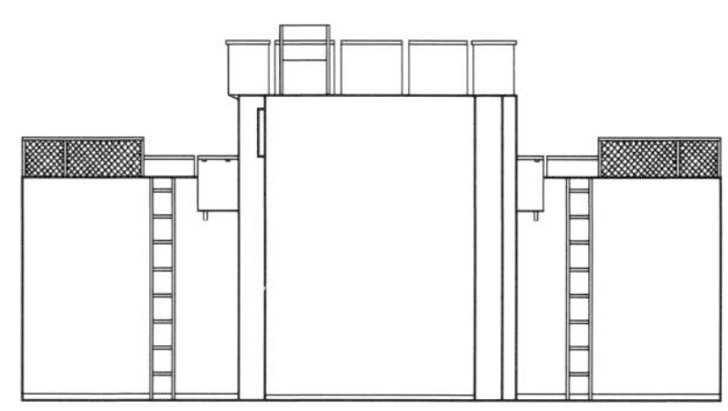

View from the bow
Widok od dziobu

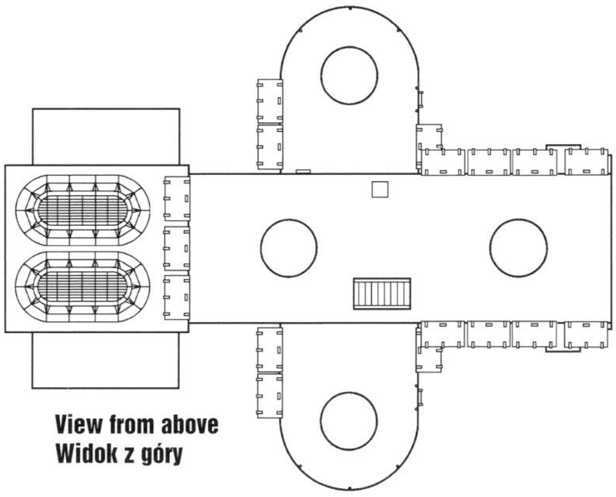

View from above
Widok z góry

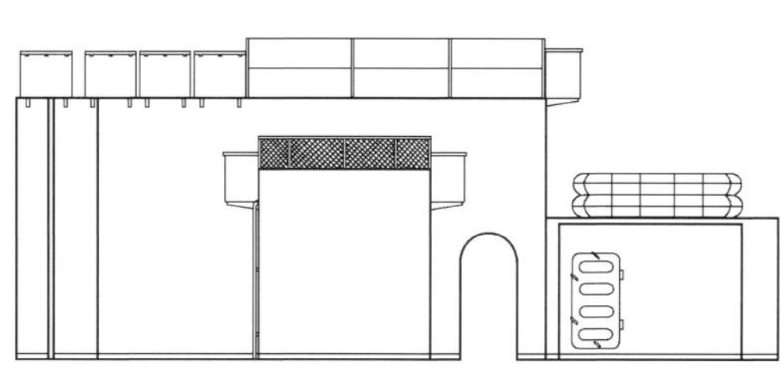

View from port side
Widok z lewej burty

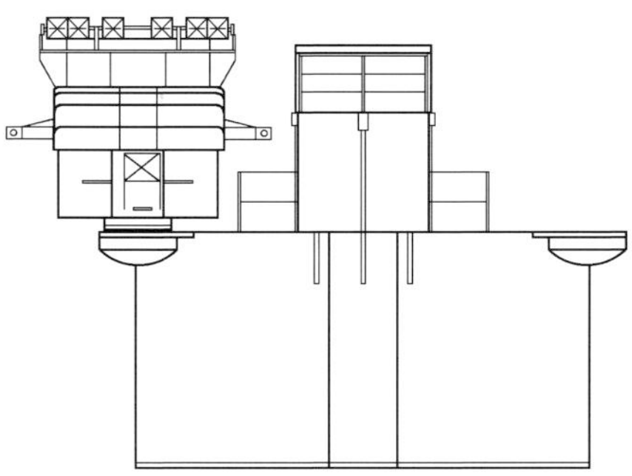

View from astern
Widok od rufy

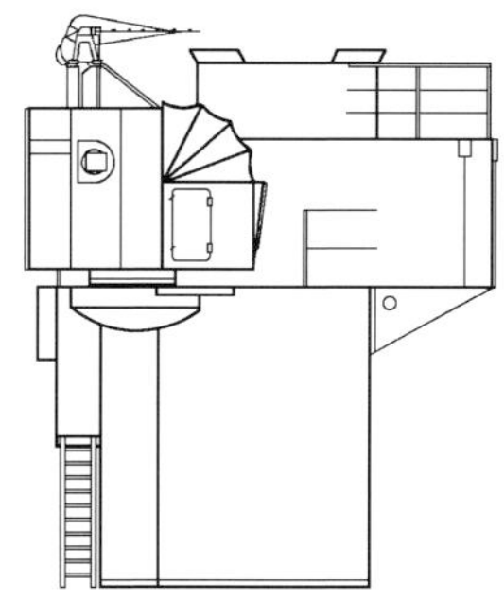

View from port side
Widok z lewej burty

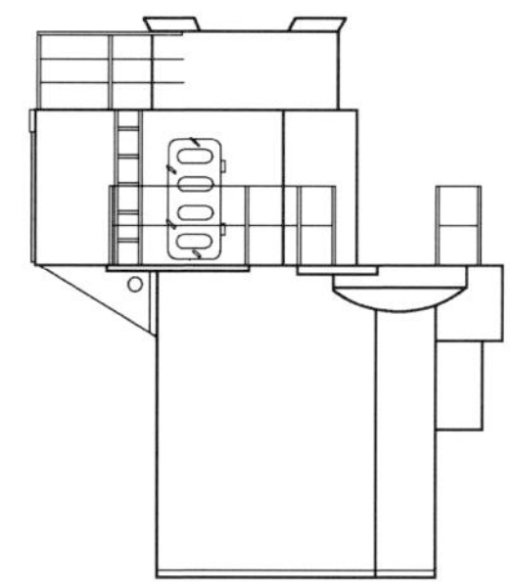

View from starboard side
Widok z prawej burty

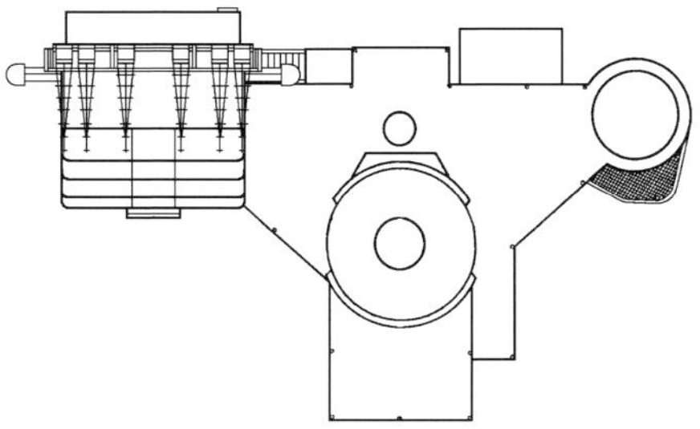

View from above
Widok z góry

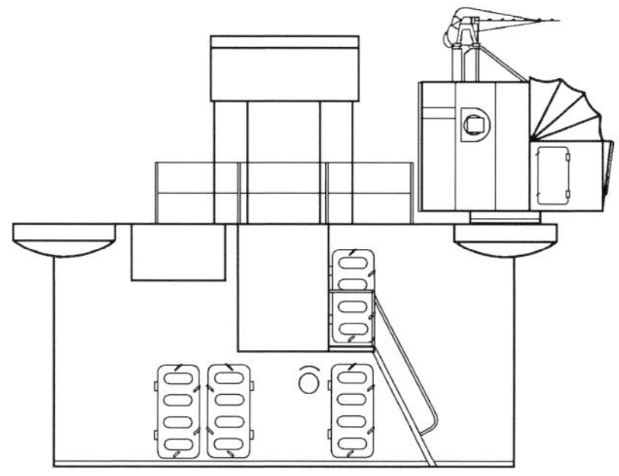

View from the bow
Widok od dziobu

Aft superstructure with medium battery gun director stations (as of 1941)
Nadbudówka z rufowymi stanowiskami dalocelowników artylerii średniej stan na rok 1941

Aft superstructure with medium battery gun director stations (as of 1946)
Nadbudówka z rufowymi stanowiskami dalocelowników artylerii średniej stan na rok 1946

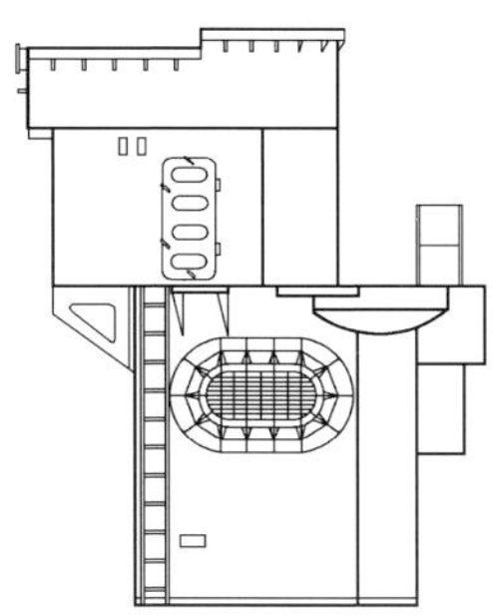

View from starboard side (as of 1946)
Widok z prawej burty stan na rok 1946

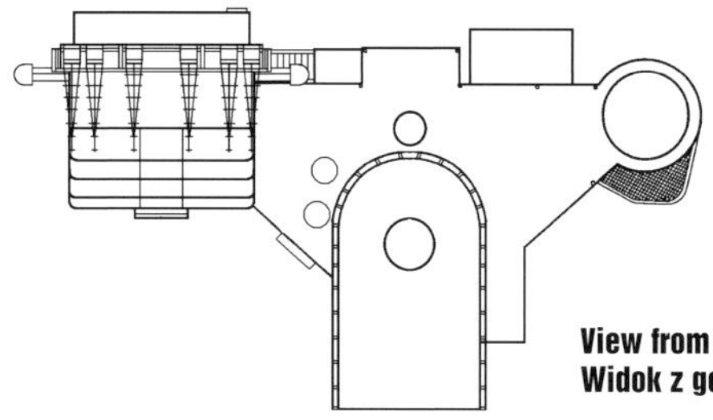

View from above (as of 1946)
Widok z góry stan na rok 1946

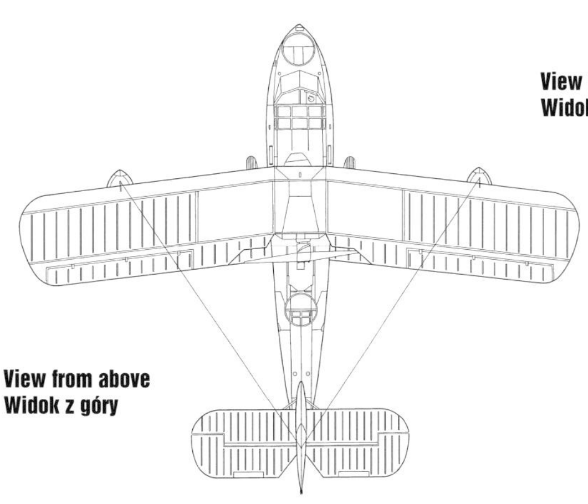

View from above
Widok z góry

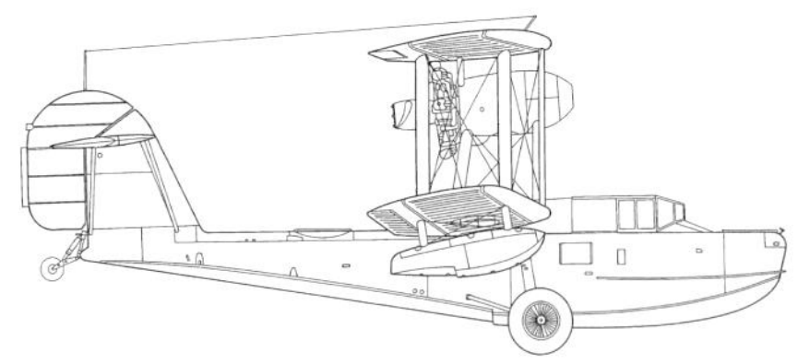

View from starboard side
Widok strona prawa

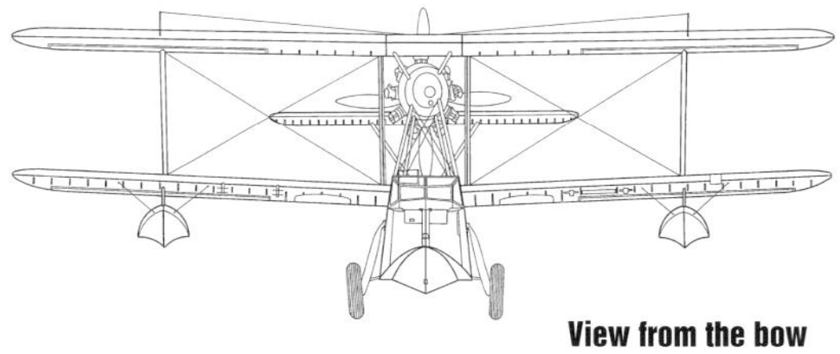

View from the bow
Widok z przodu

Supermarine Walrus Mk I seaplane
Wodnosamolot Supermarine Walrus Mk I

Mainmast as of 1946
Maszt dziobowy według stanu na rok 1946

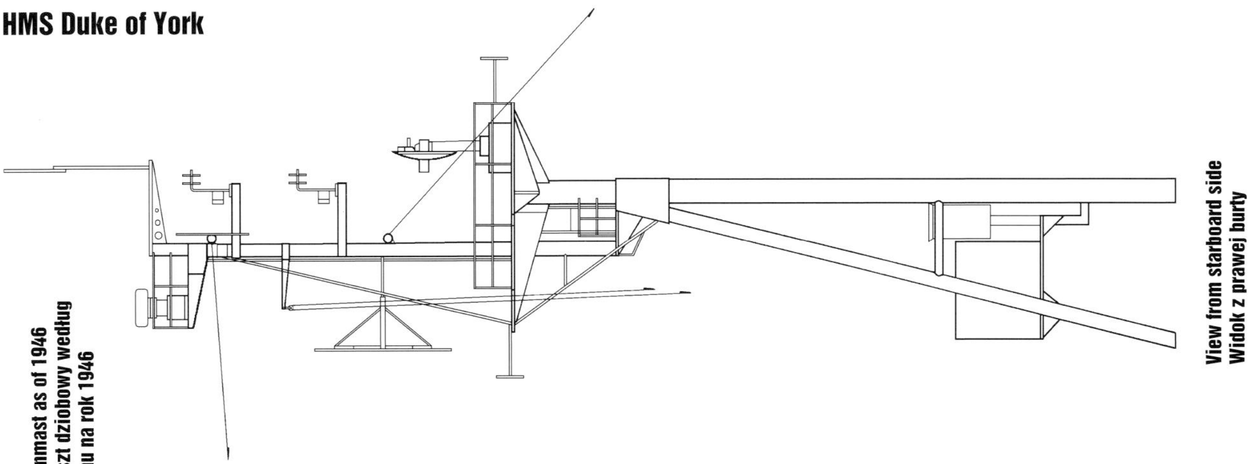

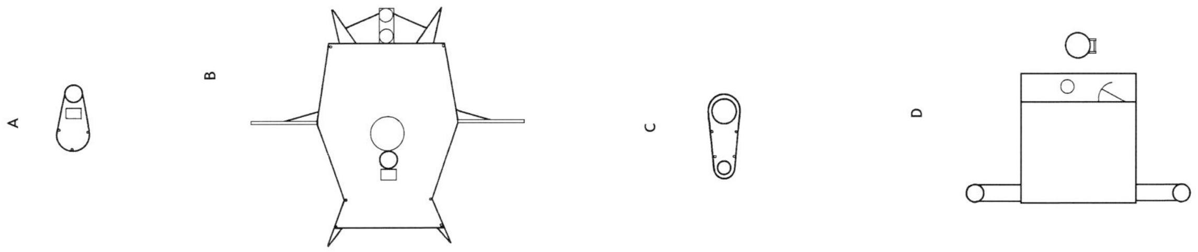

Mainmast as of 1941
Maszt dziobowy według stanu na rok 1941

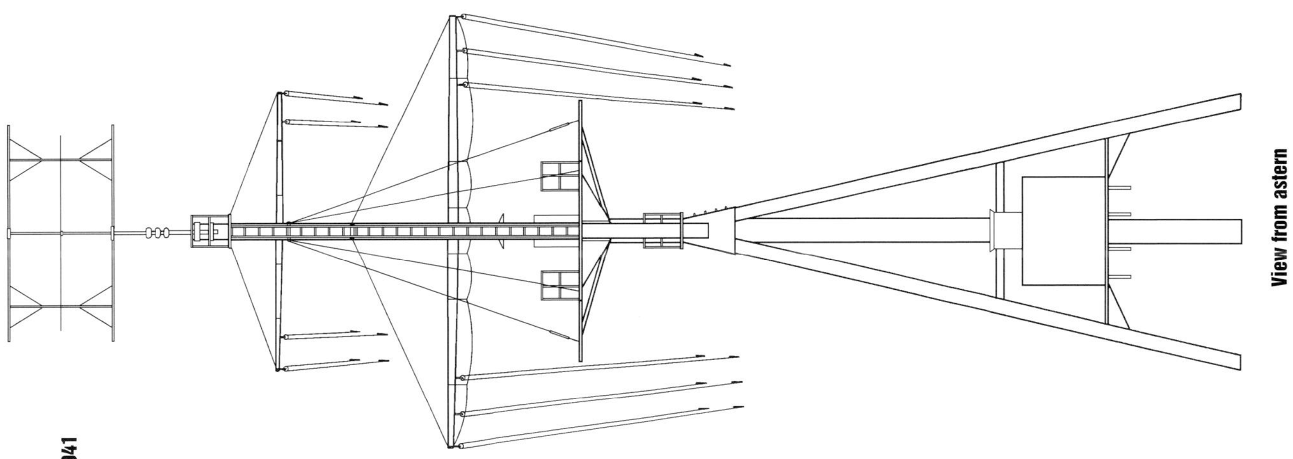

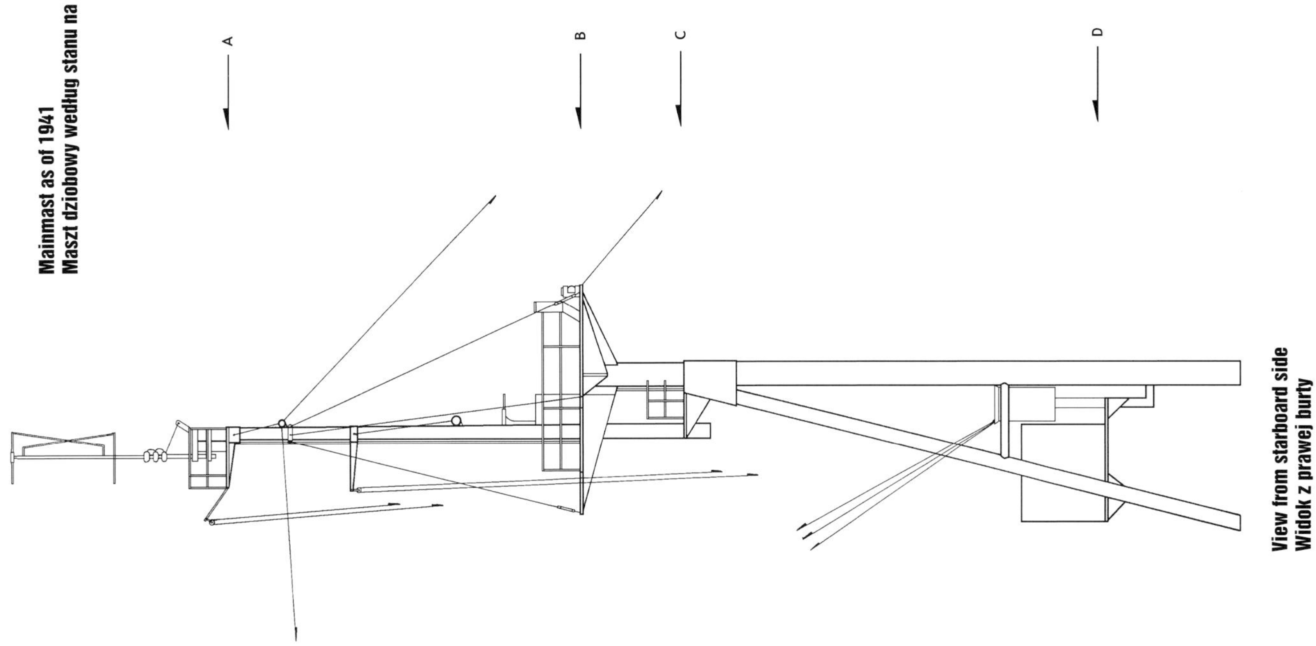

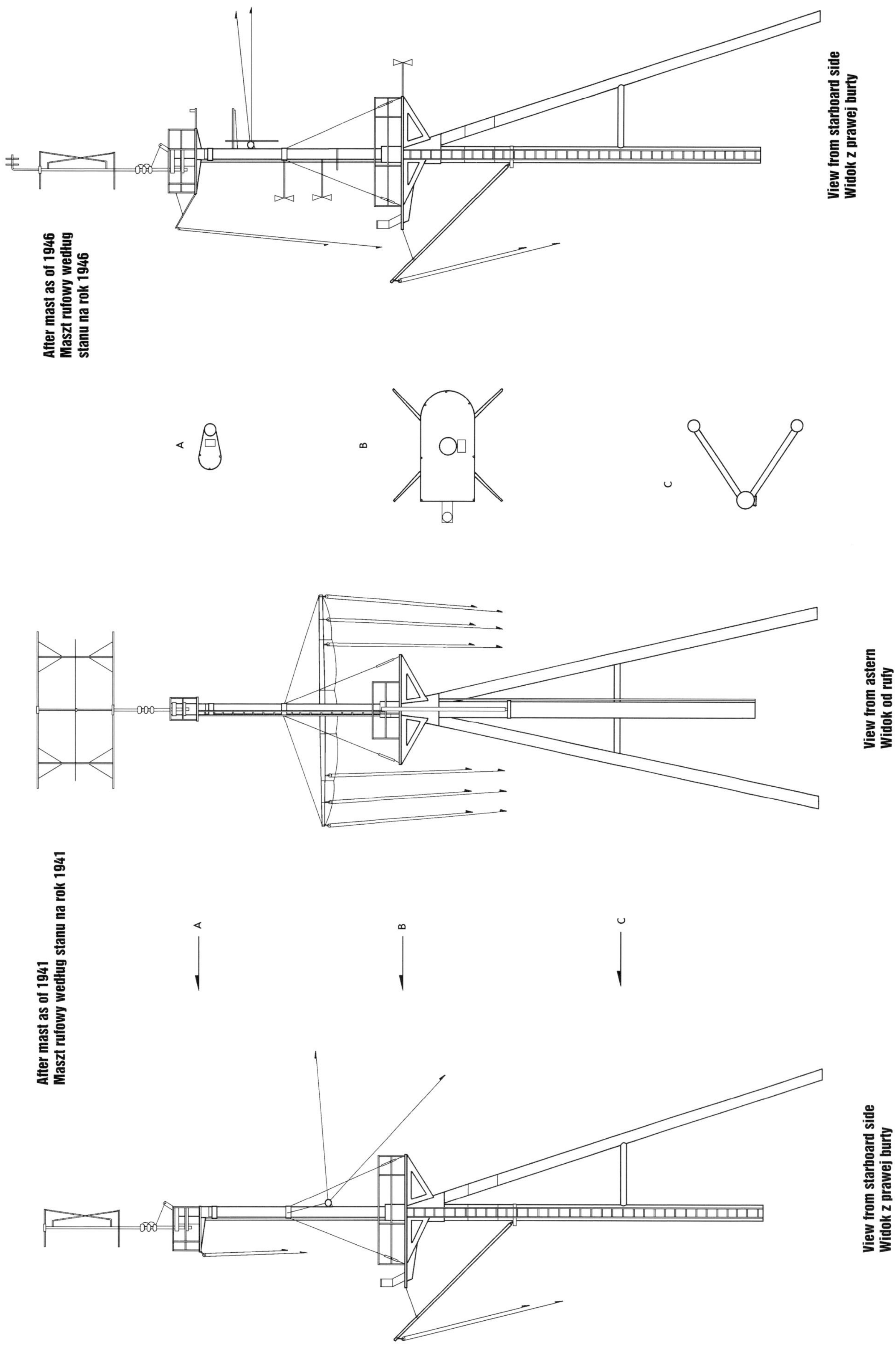

Scale/Skala 1:200

Arkusz/Sheet 24

Aft main artillery fire control station
Rufowe stanowisko kierowania ogniem artylerii głównej

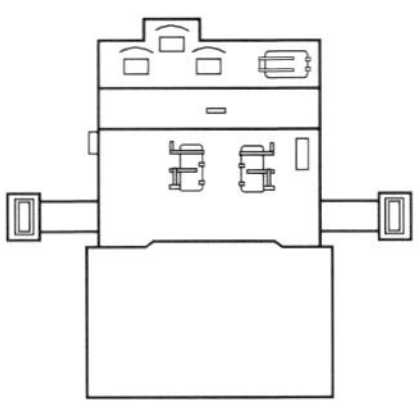
View from the bow
Widok z przodu

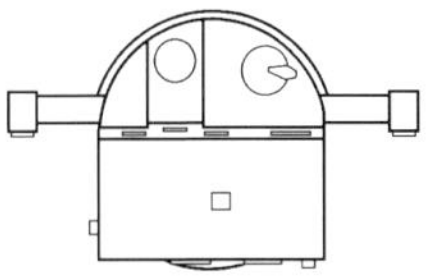
View from above
Widok z góry

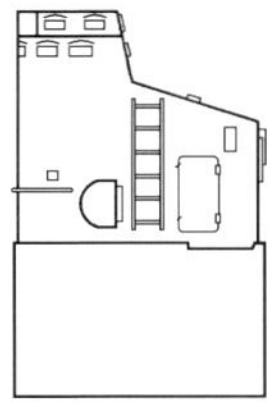
View from starboard side
Widok strona prawa

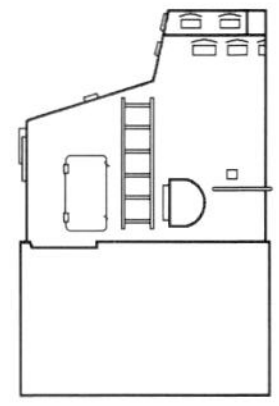
View from port side
Widok strona lewa

Forward main artillery fire control station with Type 284 radar antennas
Dziobowe stanowisko kierowania ogniem artylerii głównej z antenami radaru typu 284

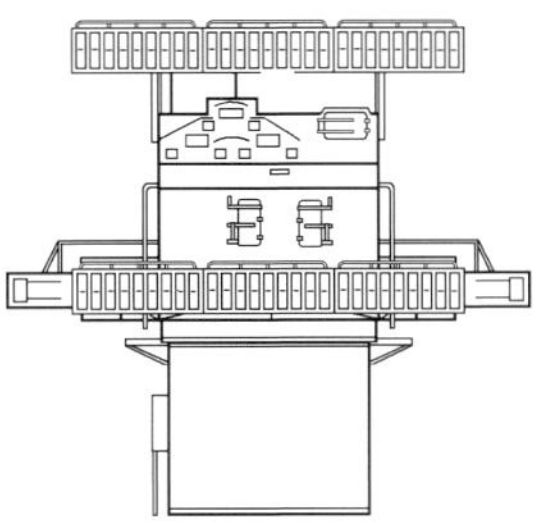
View from the bow
Widok z przodu

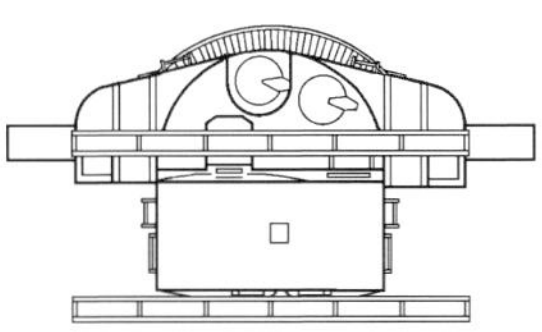
View from above
Widok z góry

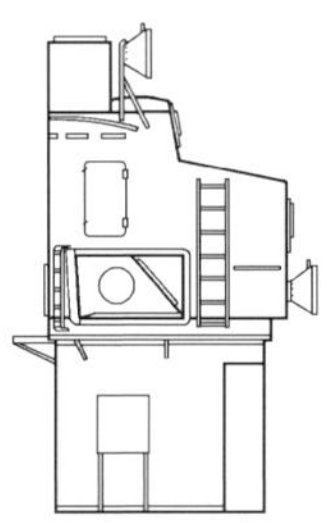
View from starboard side
Widok strona prawa

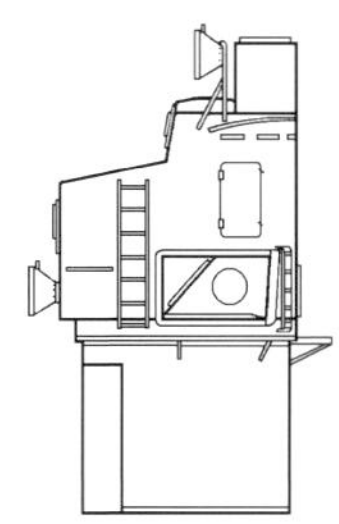
View from port side
Widok strona lewa

Forward main artillery fire control station with Type 274 radar antennas
Dziobowe stanowisko kierowania ogniem artylerii głównej z anteną radaru typu 274

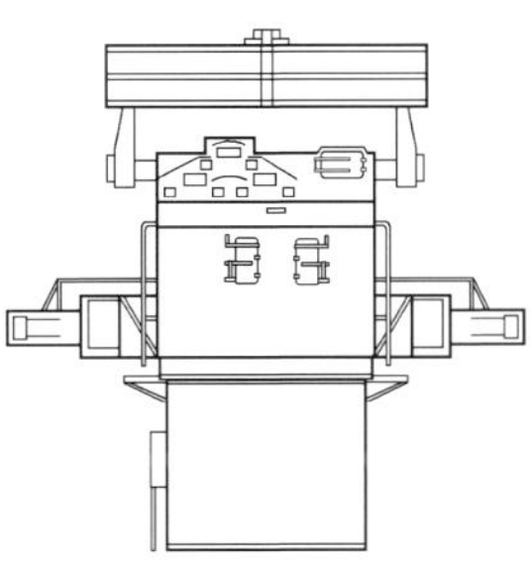
View from the bow
Widok z przodu

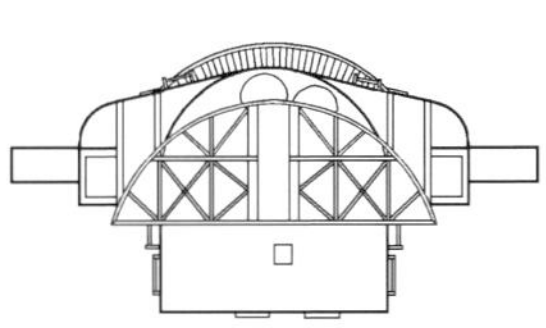
View from above
Widok z góry

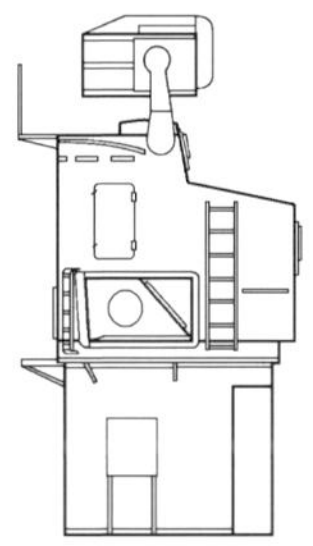
View from starboard side
Widok strona prawa

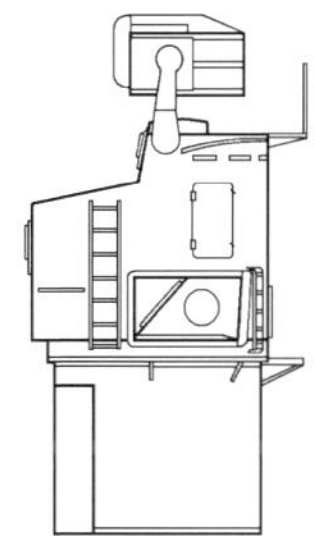
View from port side
Widok strona lewa

Aft main artillery fire control station with Type 274 radar antennas
Rufowe stanowisko kierowania ogniem artylerii głównej z anteną radaru typu 274

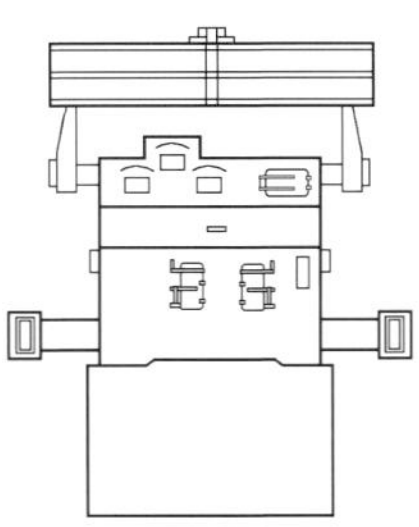
View from the bow
Widok z przodu

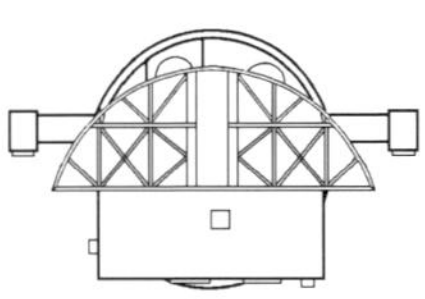
View from above
Widok z góry

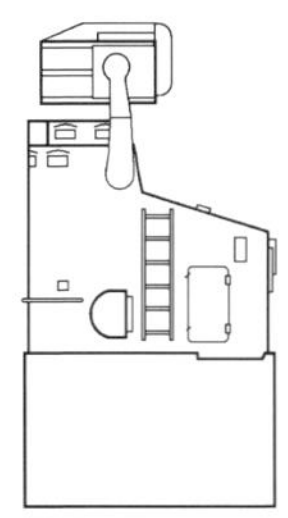
View from starboard side
Widok strona prawa

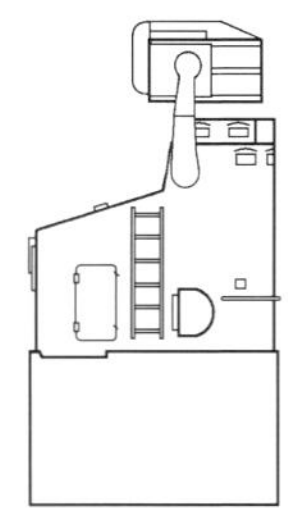
View from port side
Widok strona lewa

Aft main artillery fire control station with Type 285 radar antennas
Rufowe stanowisko kierowania ogniem artylerii średniej z antenami radaru typu 285

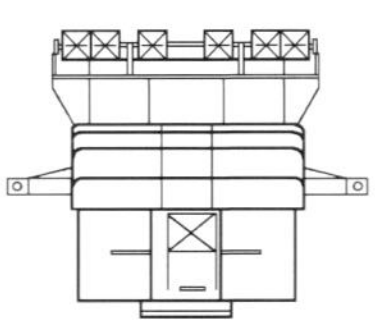
View from the bow
Widok z przodu

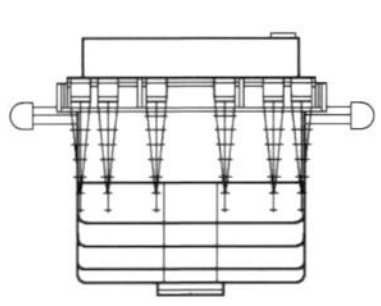
View from above
Widok z góry

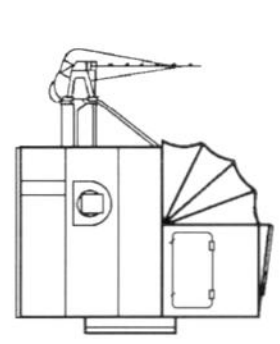
View from starboard side
Widok strona prawa

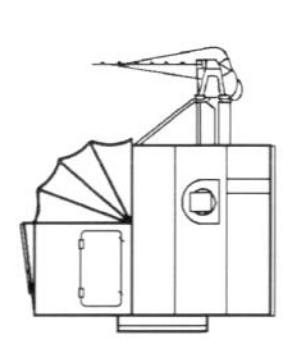
View from port side
Widok strona lewa

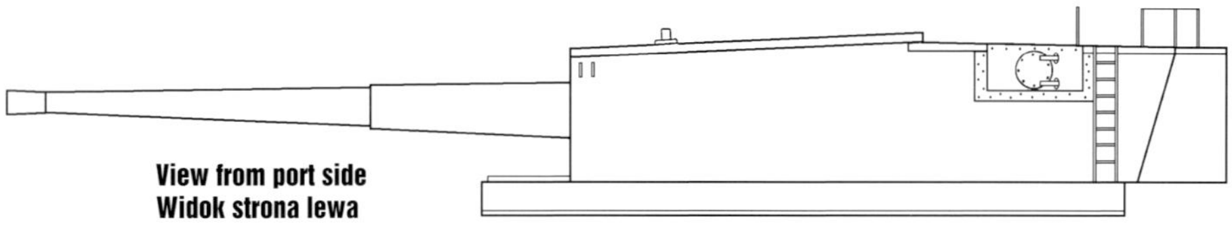

View from port side
Widok strona lewa

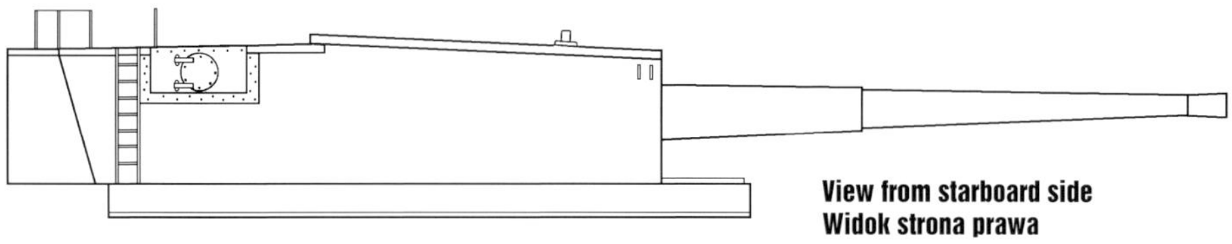

View from starboard side
Widok strona prawa

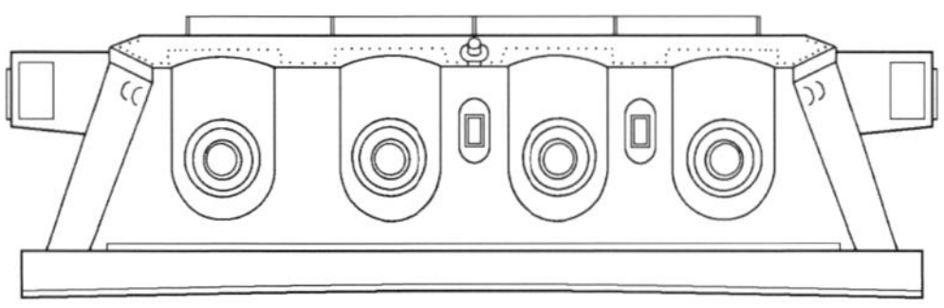

View from the bow
Widok z przodu

Main battery turret A housing
356 mm Mk II guns
Wieża A artylerii głównej kal.
356 mm Mk II

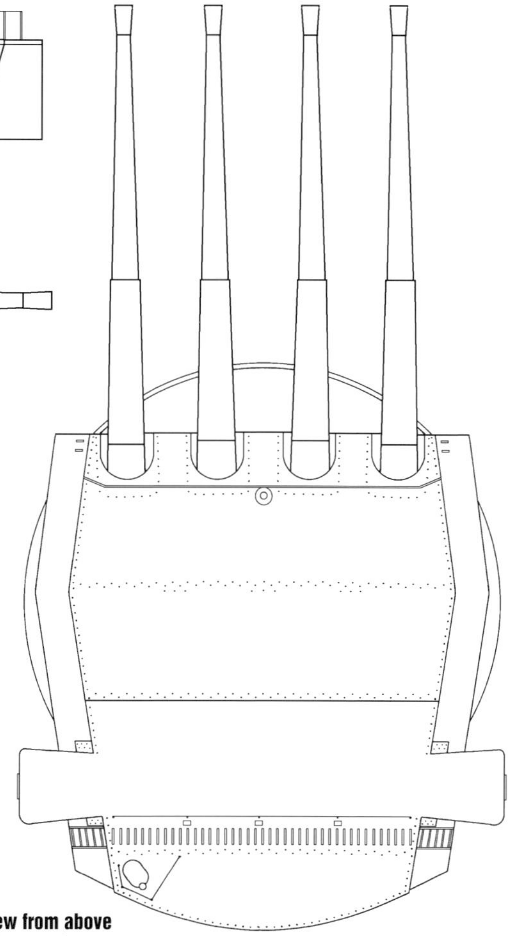

View from above
Widok z góry

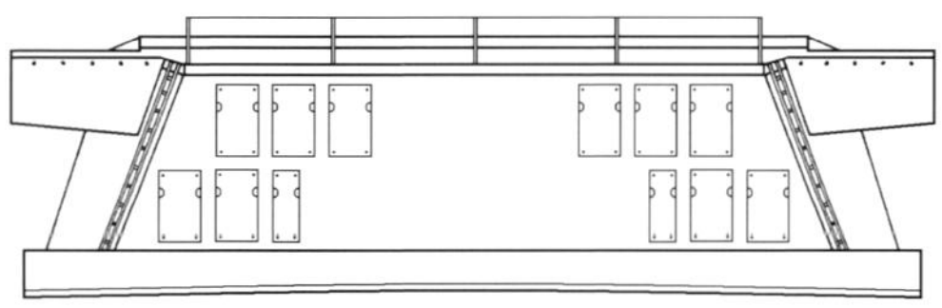

View from astern
Widok z tyłu

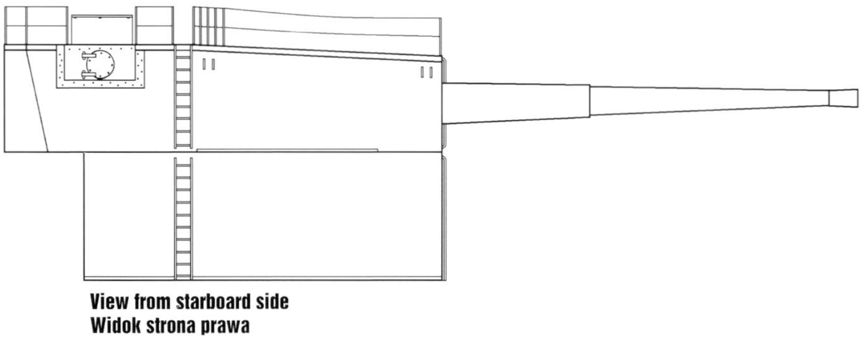

View from starboard side
Widok strona prawa

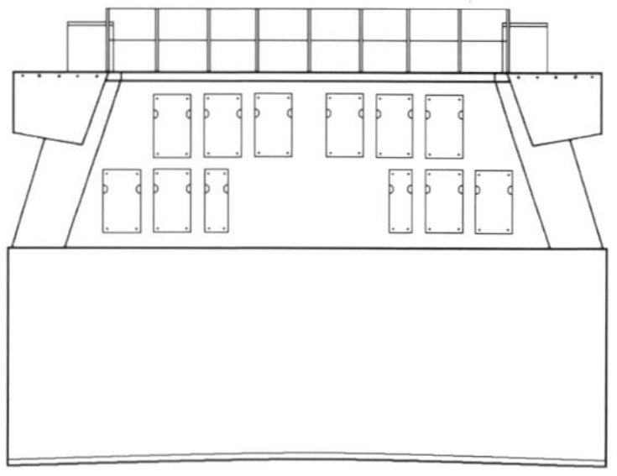

View from astern
Widok z tyłu

Main battery turret B housing 356 mm Mk II guns
Wieża B artylerii głównej kal. 356 mm Mk II

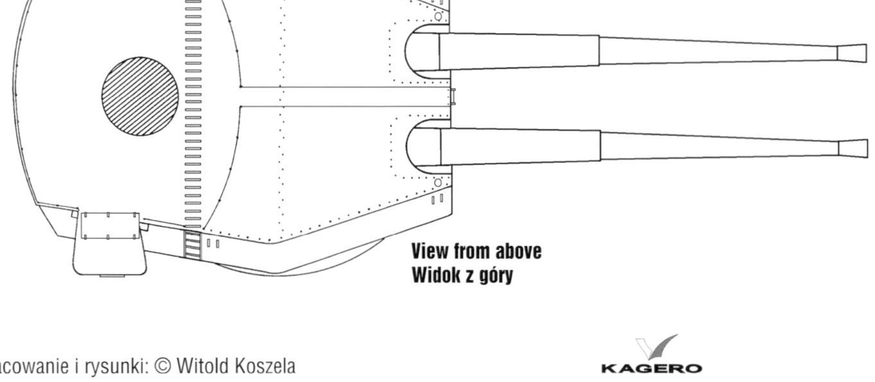

View from above
Widok z góry

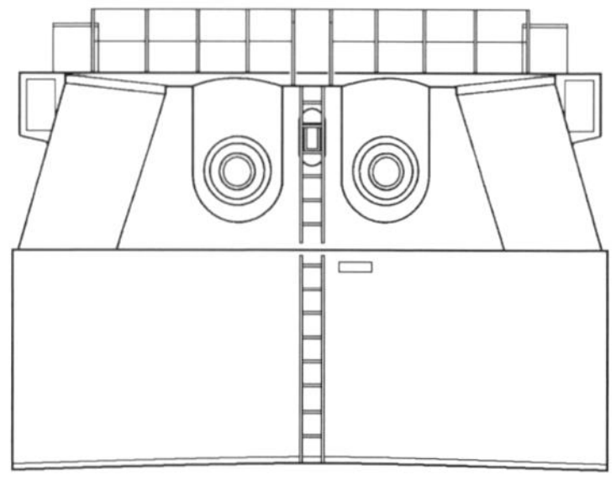

View from the bow
Widok z przodu

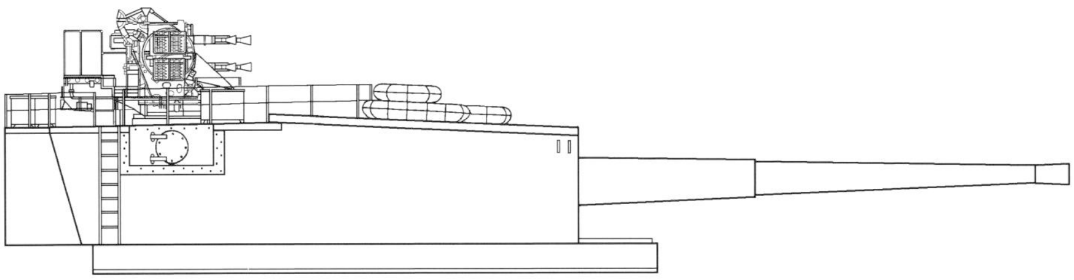

View from starboard side
Widok strona prawa

Main battery turret Y housing 356 mm Mk II guns with octuplet 40 mm pom pom mount (as of 1941)
Wieża Y artylerii głównej kal. 356 mm z ośmiolufowym zestawem działek plot kal. 40 mm pom pom stan na rok 1941

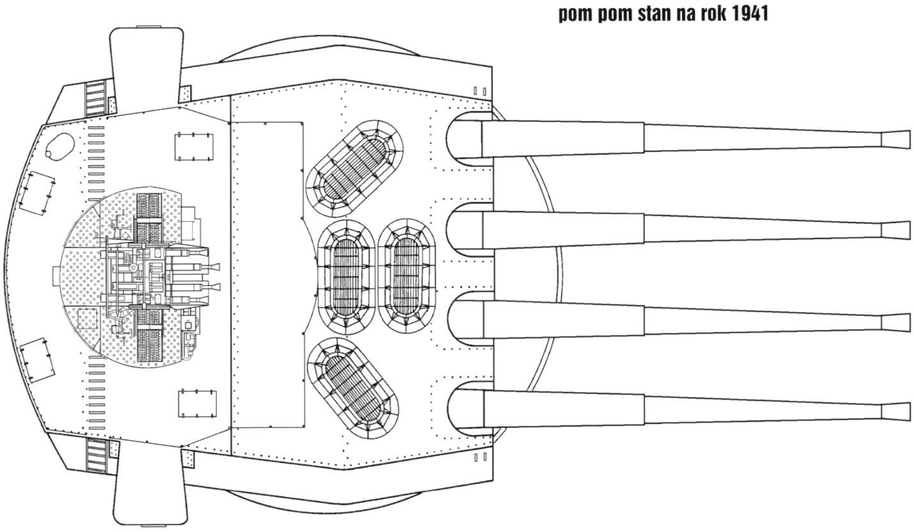

View from above
Widok z góry

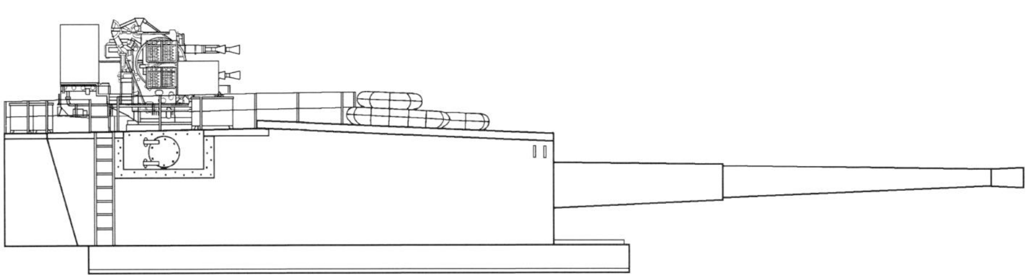

View from starboard side
Widok strona prawa

Main battery turret Y housing 356 mm Mk II guns with octuplet 40 mm pom pom mount (as of 1945)
Wieża Y artylerii głównej kal. 356 mm z ośmiolufowym zestawem plot kal. 40 mm pom pom stan na rok 1945

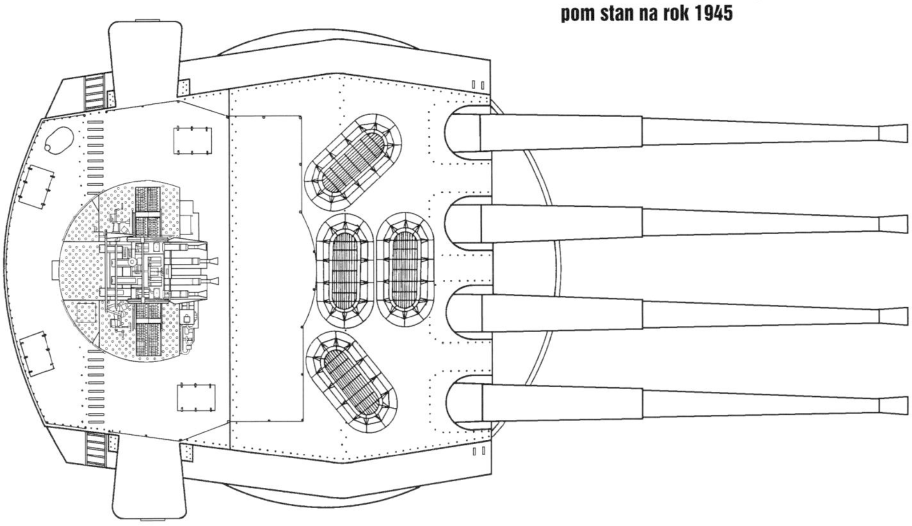

View from above
Widok z góry

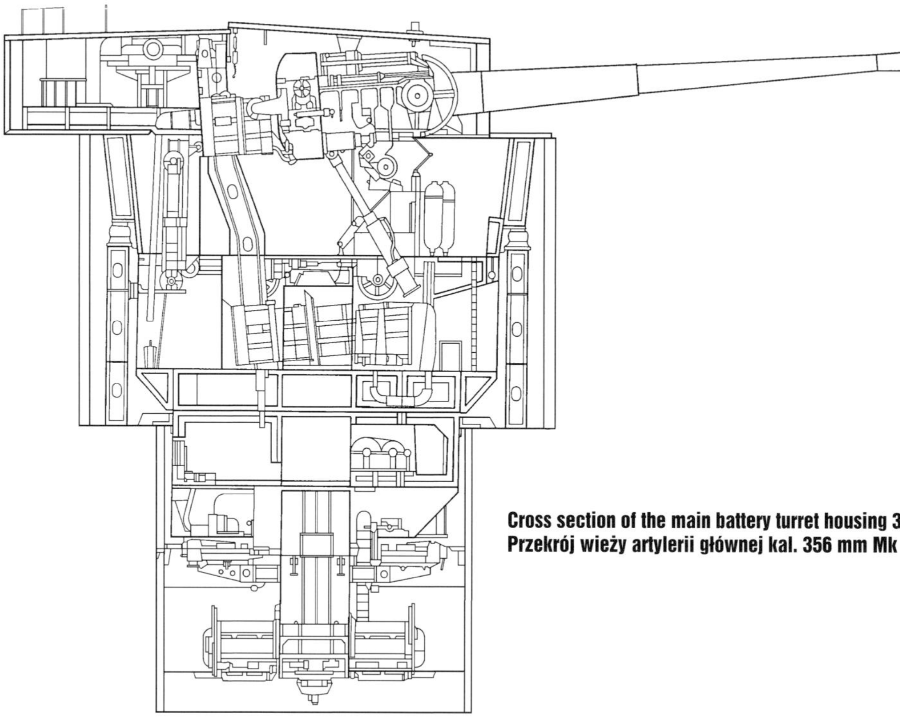

Cross section of the main battery turret housing 356 mm Mk II guns
Przekrój wieży artylerii głównej kal. 356 mm Mk II

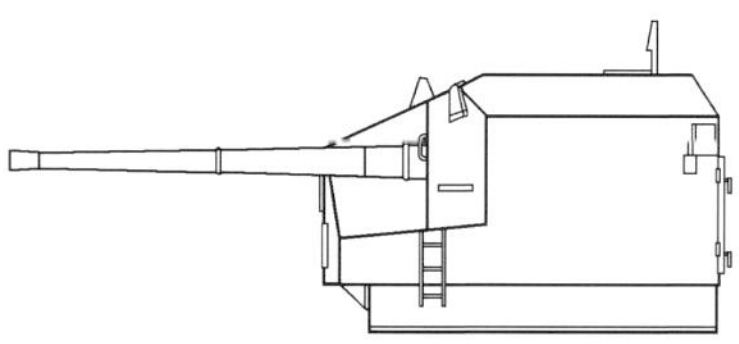

View from port side
Widok strona lewa

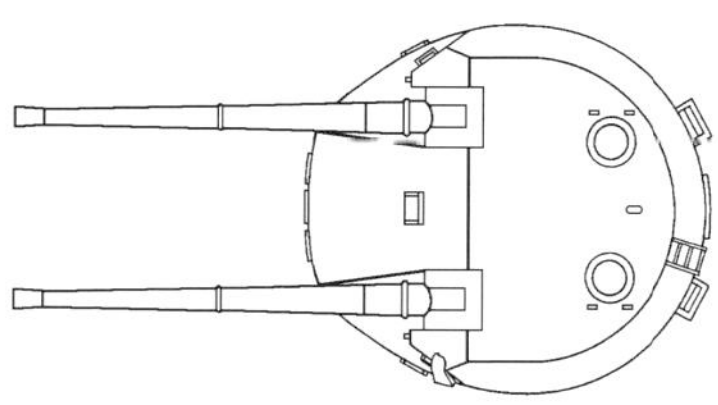

View from above
Widok z góry

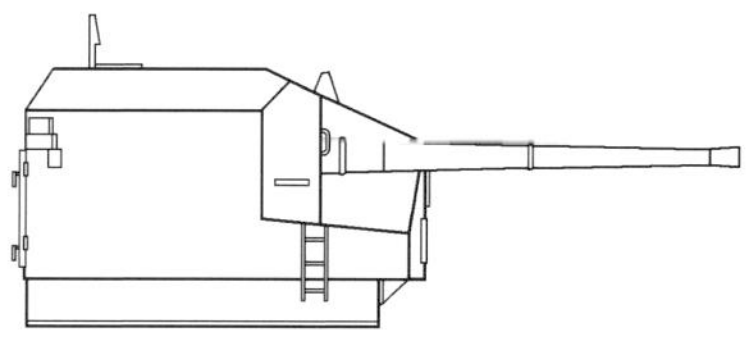

View from starboard side
Widok strona prawa

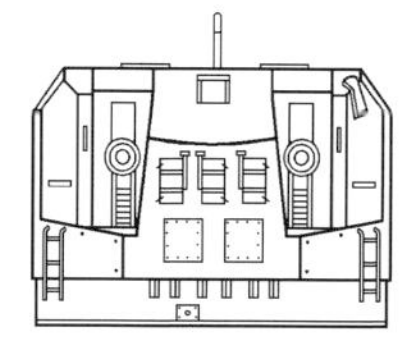

View from the bow
Widok z przodu

133 mm Mk I medium battery turret
Wieża artylerii średniej kal. 133 mm Mk I

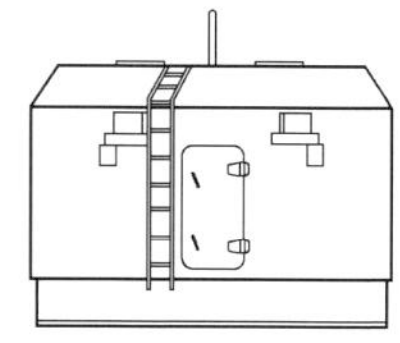

View from astern
Widok z tyłu

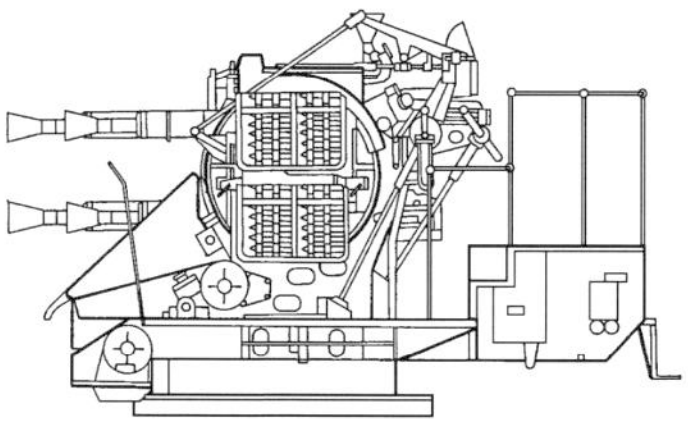

View from port side
Widok strona lewa

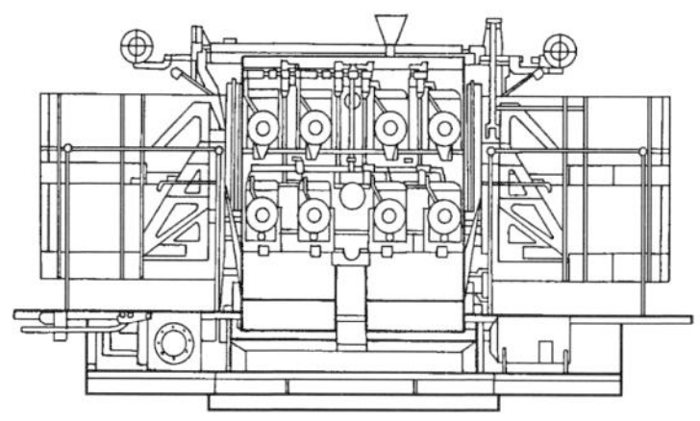

View from the bow
Widok od przodu

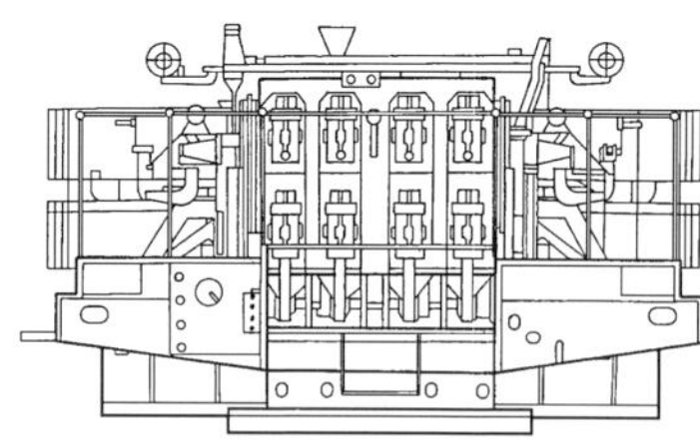

View from astern
Widok od tyłu

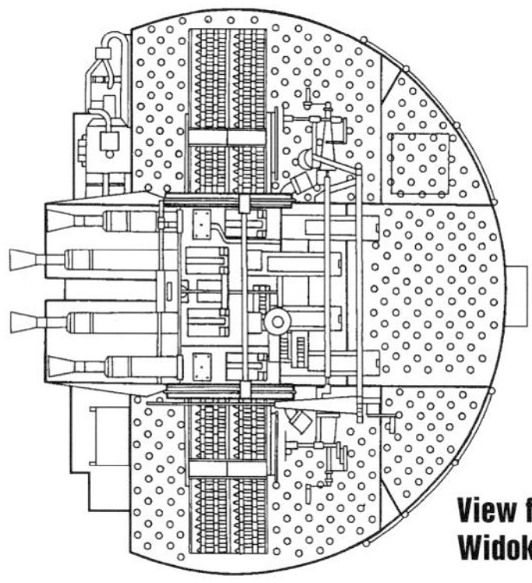

View from above
Widok z góry

Eight barreled 40 mm L/40 Mk VIII pom-poms on Mk VI mount
Ośmiolufowy zestaw działek plot kal. 40 mm L/40 Mk VIII
na podstawie Mk VI pom pom

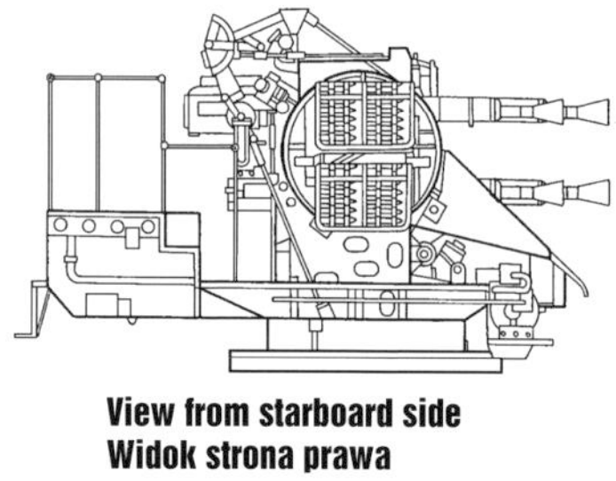

View from starboard side
Widok strona prawa

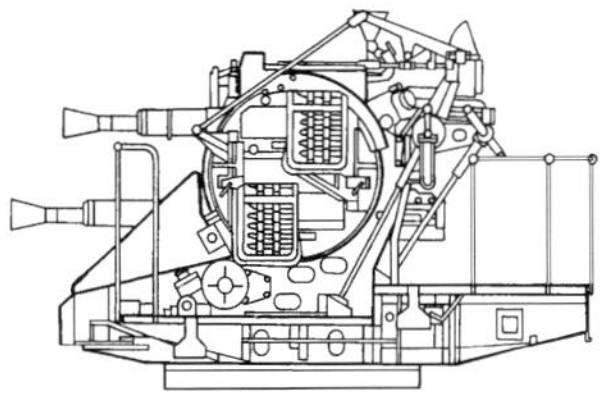

View from port side
Widok strona lewa

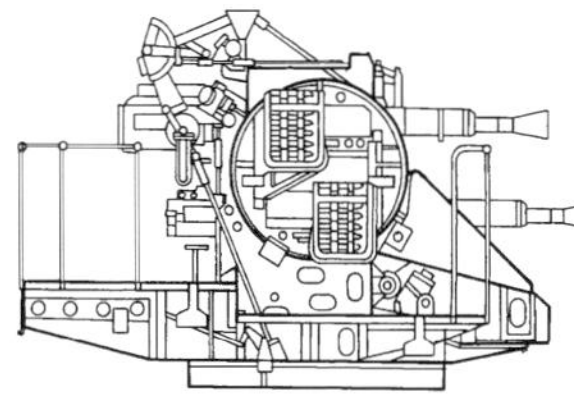

View from starboard side
Widok strona prawa

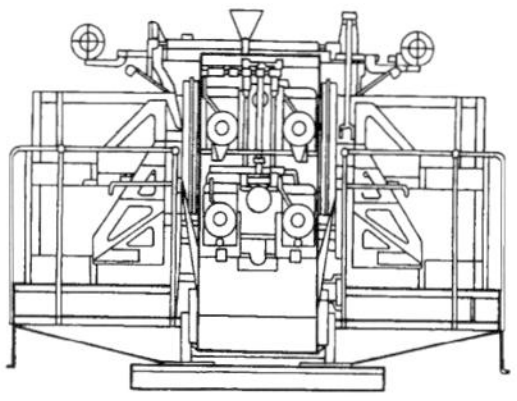

View from the bow
Widok od przodu

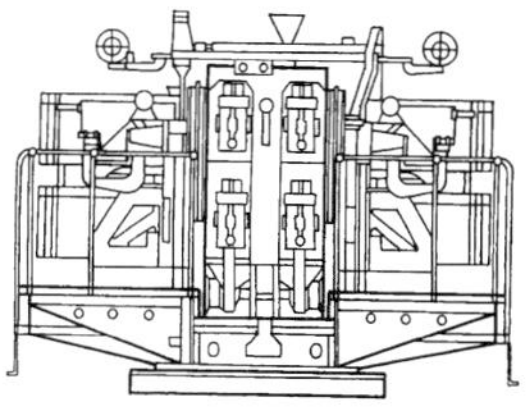

View from astern
Widok od tyłu

Four barreled 40 mm L/40 Mk VIII pom-poms on Mk VI mount
Czterolufowy zestaw działek plot kal. 40 mm L/40 Mk VIII na podstawie Mk VII pom pom

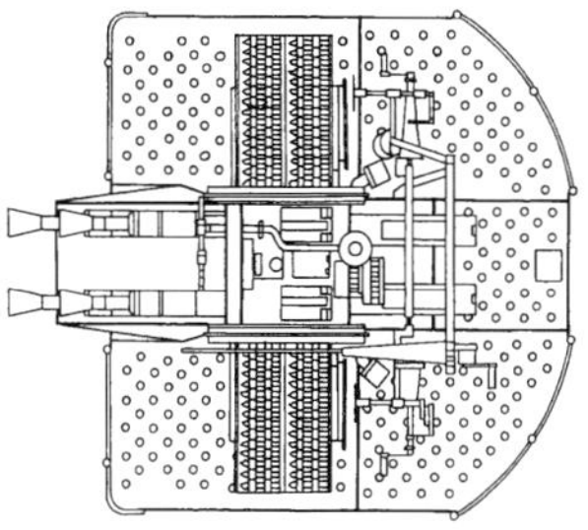

View from above
Widok z góry

Quadruple 40 mm L/60 AA guns Mk NI (US) Bofors
Czterolufowy zestaw działek plot kal. 40 mm L/60 Mk NI (US) Bofors

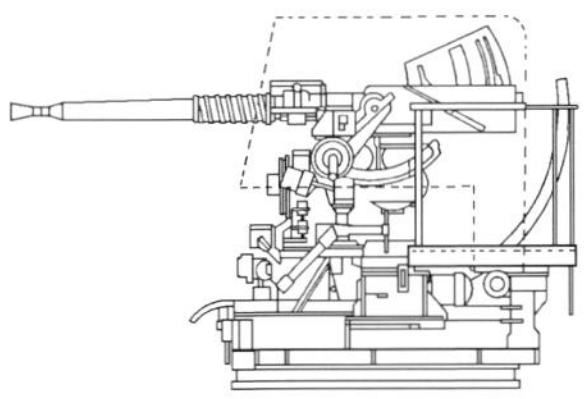

View from port side
Widok strona lewa

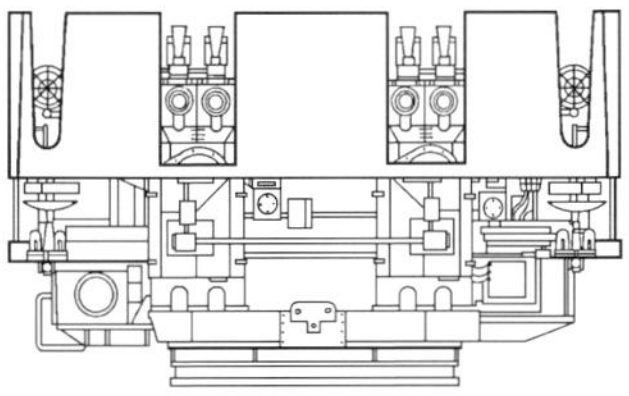

View from the bow
Widok od przodu

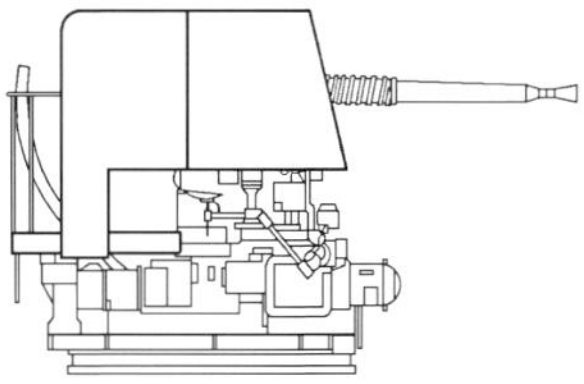

View from starboard side
Widok strona prawa

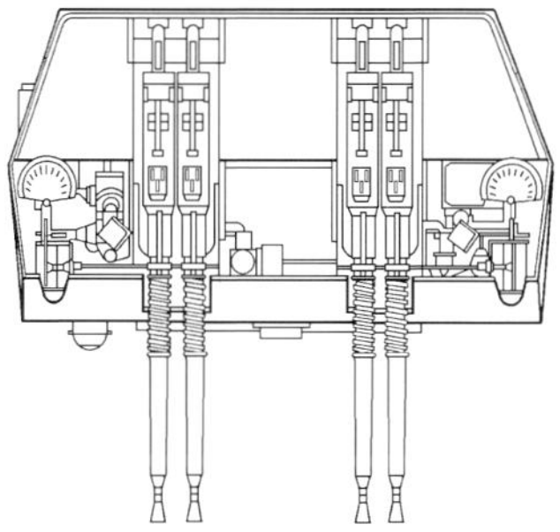

View from above
Widok z góry

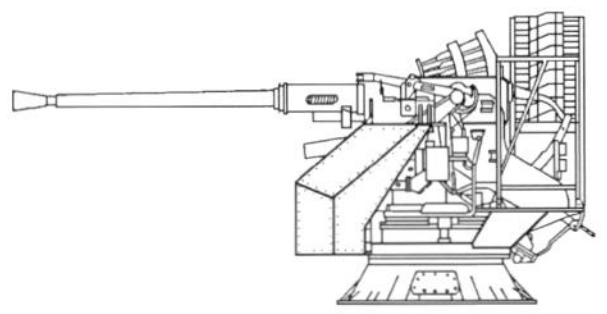

View from port side
Widok strona lewa

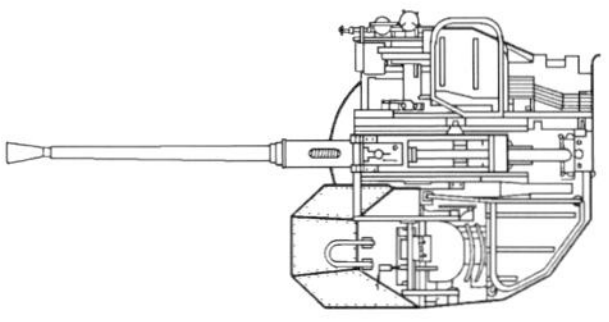

View from above
Widok z góry

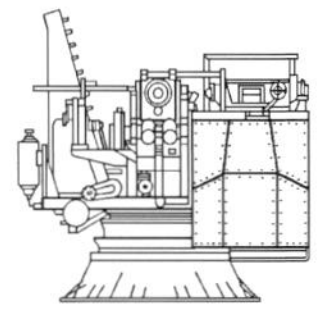

View from the bow
Widok od przodu

40 mm Mk NI/ Mk VII Bofors AA gun
Działko plot kal. 40 mm Mk NI/ Mk VII Bofors

20 mm L/70 Mk II Oerlikon AA gun
Działko plot kal. 20 mm L/70 Mk II Oerlikon

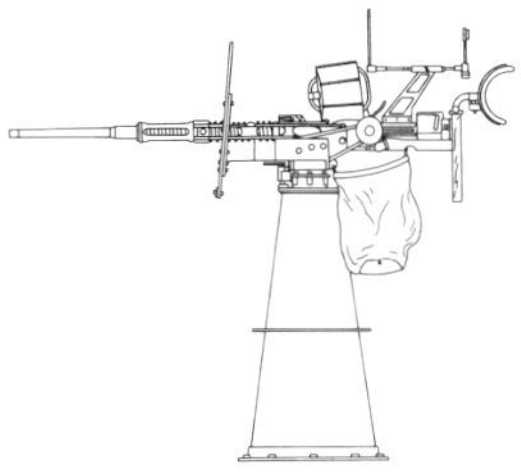

View from port side
Widok strona lewa

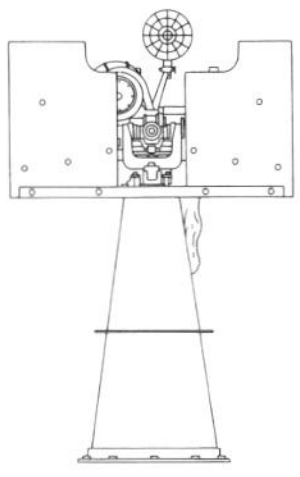

View from the bow
Widok od przodu

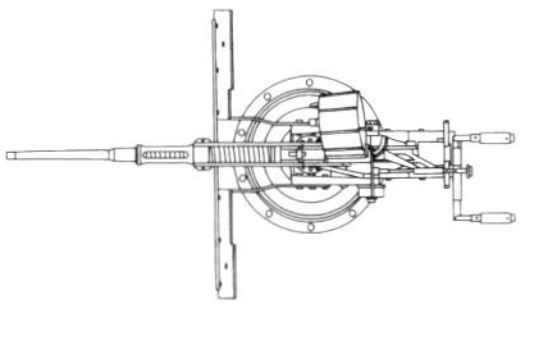

View from above
Widok z góry

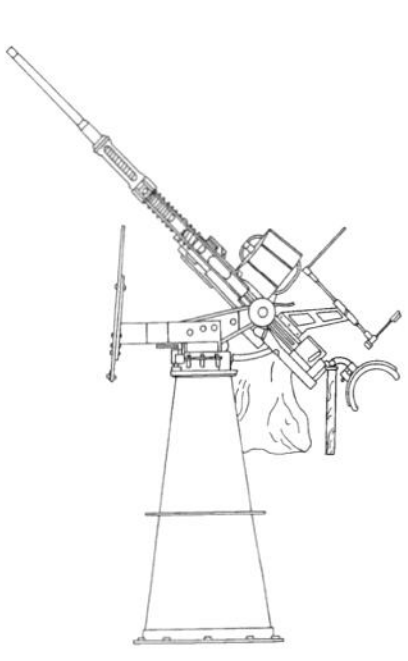

20 mm L/70 Mk II Oerlikon AA gun at maximum barrel elevation
Działko plot kal. 20 mm L/70 Mk II Oerlikon przy maksymalnym kącie podniesienia lufy

Double mount of 20 mm L/70 Mk V Oerlikon AA guns
Zdwojony zestaw działek plot kal. 20 mm L/70 Mk V Oerlikon

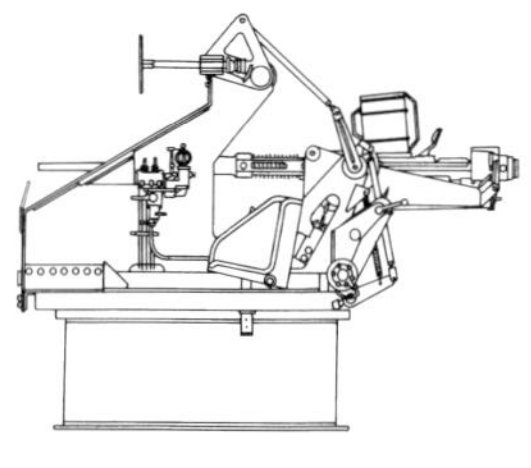

View from above
Widok z góry

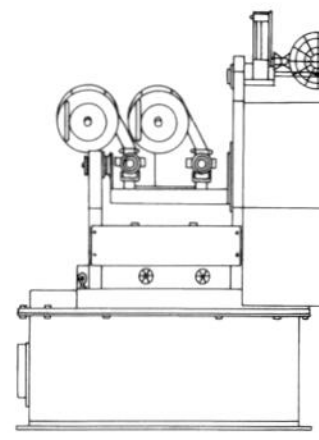

View from port side
Widok strona lewa

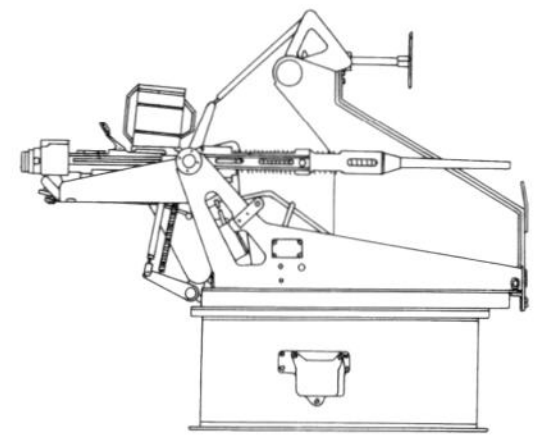

View from the bow
Widok od przodu

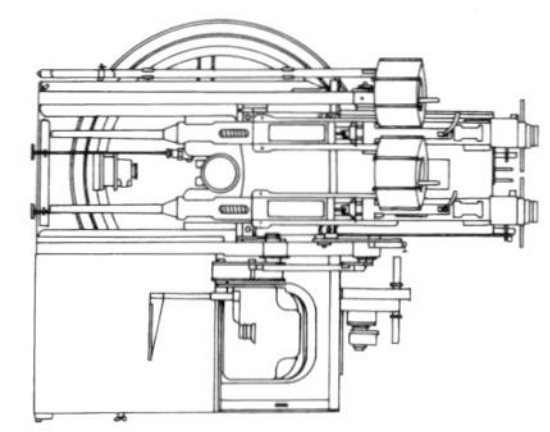

View from starboard side
Widok strona prawa

Salute cannon
Armata salutacyjna

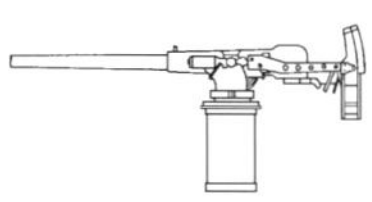

View from port side
Widok strona lewa

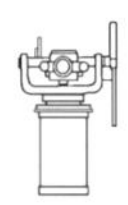

View from the bow
Widok od przodu

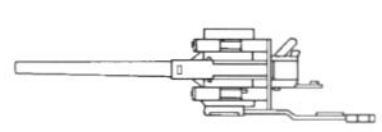

View from above
Widok z góry

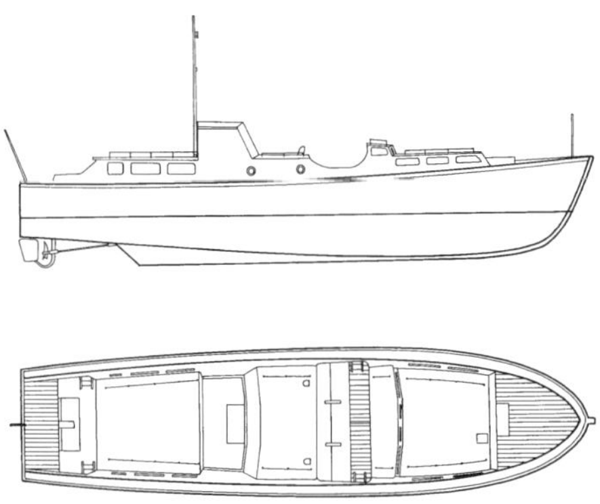

45' motor launch
45 stopowa motorówka

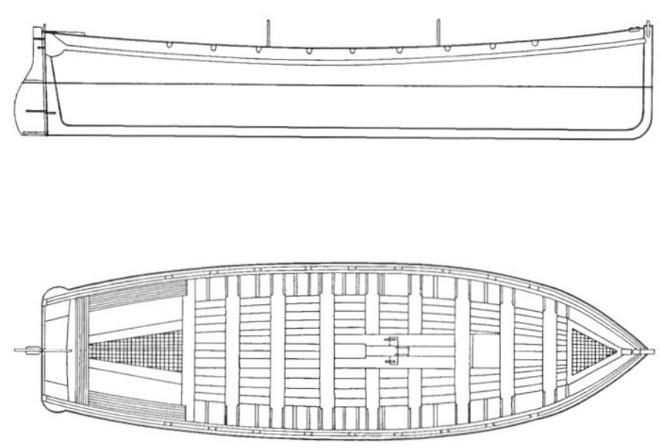

45' life boat
45 stopowa szalupa

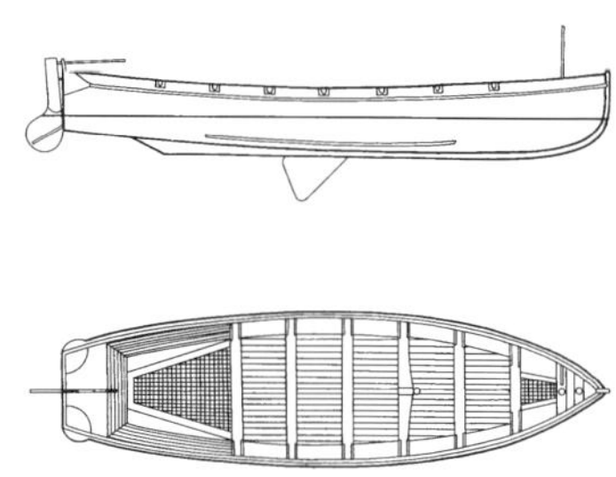

32' life boat
32 stopowa szalupa

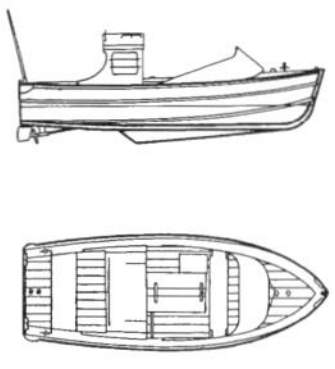

16' Dinghy
16 stopowa Dinghy

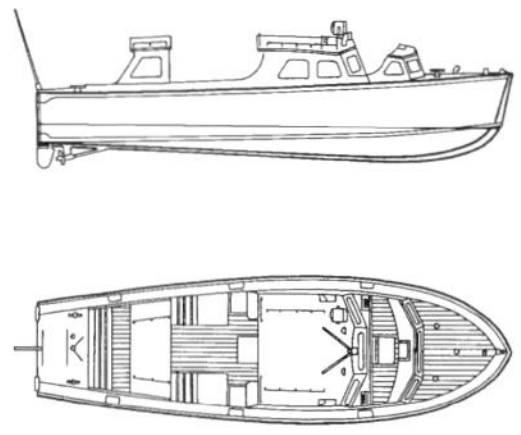

25' motor launch
25 stopowa motorówka

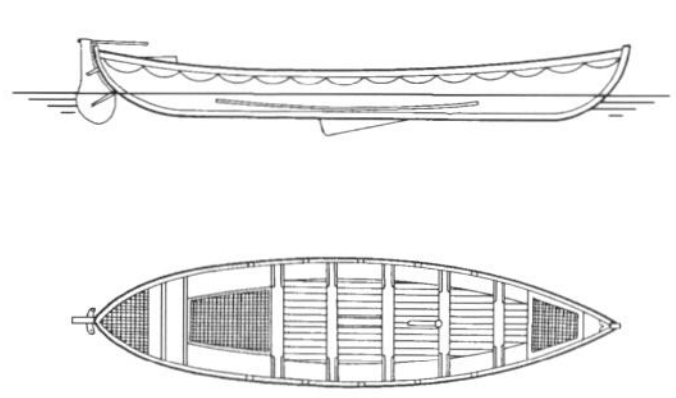

27' Whaler
27 stopowy Whaler

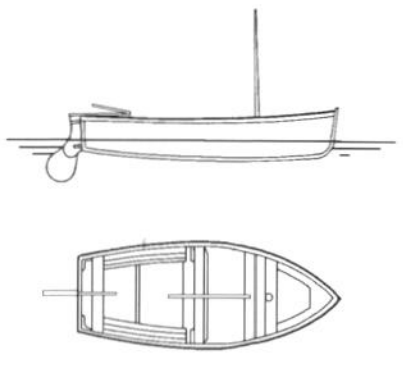

14' Dinghy
14 stopowa Dinghy

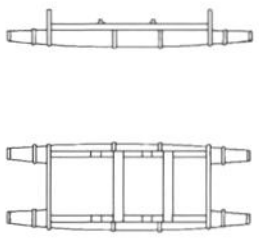

Maintenance raft
Tratwa robocza

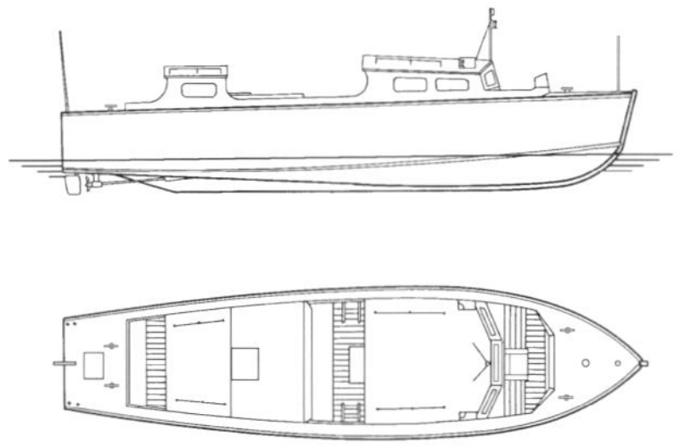

25' motor launch
25 stopowa motorówka